Party
Törtchen

Mich Turner

Fotos von Janine Hosegood

Party
Törtchen

Fantasievolle Rezepte zum Nachbacken

CHRISTIAN VERLAG

Ich widme dieses Buch meinen
Jungs – Phil, Marlow und George –
in unendlicher Liebe.

Unser Verlagsprogramm finden Sie unter
www.christian-verlag.de

Übersetzung aus dem Englischen: Anke Harrer
Textredaktion: Michaela Röhrl
Satz: Maren Gehrmann, Germering
Umschlaggestaltung: Caroline Daphne Georgiadis,
  DaphneDesign

Printed in China by Leefung

Alle Angaben dieses Werkes wurden von der Autorin
sorgfältig recherchiert und auf den aktuellen Stand gebracht
sowie vom Verlag geprüft. Für die Richtigkeit der Angaben
kann jedoch keine Haftung übernommen werden.
Für Hinweise und Anregungen sind wir jederzeit dankbar.
Bitte richten Sie diese an:
Christian Verlag, Postfach 40 02 09, 80702 München

Die Deutsche Bibliothek – CIP Einheitsaufnahme
Ein Titeldatensatz für diese Publikation ist bei der
Deutschen Bibliothek erhältlich.

Die Originalausgabe mit dem Titel *Fantastic Party Cakes*
wurde erstmals 2007 im Verlag Jacqui Small LLP, einem
Imprint von Aurum Press Ltd, London, veröffentlicht.

Inhalt

Vorwort

In meinem vorliegenden zweiten Buch habe ich eine Reihe ausgefallener Partytörtchen zusammengestellt. Denn zu einer Party gehört einfach ein Kuchen, und dieses Buch bietet viele Ideen für jeden Anlass. Das Kapitel »Köstliche Kuchen« enthält wunderbare Rezepte, die man solo zum Sonntagskaffee genießen kann. Außerdem sind diese Rezepte die Grundlage für die Partytörtchen aus den ersten beiden Kapiteln: glasiert oder mit Schokolade überzogen, als kleine süße Häppchen, als weihnachtlich dekorierte Törtchen oder als Mini-Partytörtchen sind sie perfekt geeignet für festliche Anlässe wie zum Beispiel eine Hochzeit, ein Jubiläum oder einen runden Geburtstag. Ferner finden Sie einige luftig-leichte Desserts, die Sie als süßen Abschluss eines festlichen Menüs servieren können. Und schließlich stelle ich noch handverzierte Kekse und Gebäcke vor, die sich als Tischdekoration oder kleine Geschenke eignen.

Mini-Partytörtchen

Mini-Partytörtchen

Für mich sind diese Törtchen und kleinen Kuchen, die alle einzeln und individuell verziert und dekoriert werden, etwas ganz Besonderes. Die wunderschönen Farben, Muster und Motive geben jedem Exemplar eine eigene Note. Zudem sind sie das Highlight auf jeder Party. Als Kuchengrundlage für die Verzierungen und Dekorationen habe ich Rezepte aus dem Kapitel »Köstliche Kuchen« ab Seite 76 verwendet. Backen Sie die Kuchen am besten in einer quadratischen Form, denn so lassen sich leicht Kreise oder Quadrate daraus ausstechen oder schneiden. Ein Kuchen von 20 Zentimeter Seitenlänge ergibt 16 kleine runde oder quadratische Stücke, jeweils etwa fünf Zentimeter groß, oder aber 25 Mini-Partytörtchen zu je vier Zentimetern.

Weiße Schokoperlen

Diese weißen, wunderschön dekorierten Törtchen sind der Blickfang jedes süßen Hochzeitsbuffets. Auf einer großen Tortenplatte oder Etagere angerichtet, werden sie den Gästen einzeln serviert. Schön verpackt, eignen sie sich auch gut als kleines Andenken für Zuhause.

Zutaten

Kuchenwürfel, 5 cm groß

Weiße Modellierschokolade, 165 g pro Kuchen für 2 Überzüge und 1 Fächer

Puderzucker zum Bestäuben

Kleines Wellholz

Spritzbeutel

Temperierte weiße Schokolade für die Perlen

Cremefarbenes Ripsband, 15 mm breit, 20 cm pro Kuchen

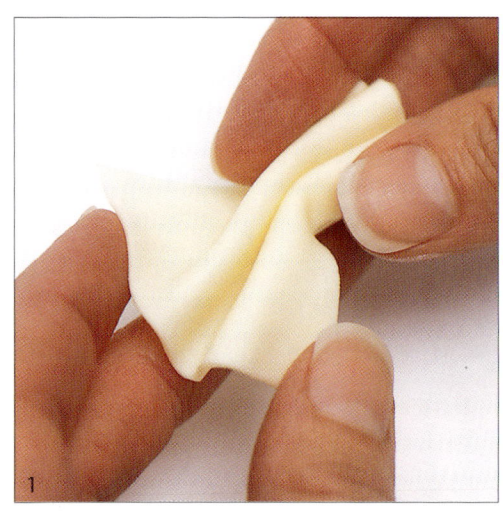

Zubereitung

1 Die weiße Modellierschokolade auf der mit Puderzucker bestäubten Arbeitsfläche leicht kneten. Ein sechs Zentimeter großes Quadrat sehr dünn ausrollen und vorsichtig, wie oben abgebildet, zu einem Fächer falten. Das untere Ende zusammendrücken und mit einem scharfen Messer etwas kürzen. Für jeden Kuchen einen Fächer in der gleichen Weise herstellen. (Das große Bild rechts zeigt zwei Fächer übereinanderliegend auf einem Kuchen.)

2 Jeden Kuchenwürfel zunächst mit einer Schicht weißer Modellierschokolade überziehen, dann, wie auf Seite 149 beschrieben, mit einem zweiten Überzug versehen.

3 Einen kleinen Spritzbeutel (siehe Seite 146) mit abgekühlter temperierter weißer Modellierschokolade füllen. Die Spitze des Spritzbeutels abschneiden. Jeden Kuchen unten mit Ripsband umwickeln und mit etwas Modellierschokolade fixieren. Auf der Oberfläche und an den Seiten der Kuchen einige weiße »Perlen« aufspritzen. Zum Schluss die Fächer auf die Kuchen setzen.

Fondant-Konfekt

Kleine Kuchen mit Fondantüberzug erfreuen sich großer Beliebtheit, und diese edlen kleinen Teilchen kommen zu jedem Anlass gut an. Sie passen ebenso perfekt zu einer großen Geburtstagsfeier wie auf das Nachspeisenbuffet einer Hochzeit. Verwenden Sie Vanilletorte oder Limetten-Kokos-Cake ohne Buttercreme als Grundlage.

Zutaten

Runde Kuchen mit 5 cm Durchmesser

Fondantglasur, 75 g pro Kuchen

Lebensmittelfarbe in Rosa und Braun

Marzipan, 60 g pro Kuchen

Silberne Pralinenförmchen (6 cm Durchmesser)

Geschenkband oder Gummibänder zum Fixieren der Förmchen

2 Spritzbeutel

2 dünne Lochtüllen (ca. 5 mm Durchmesser)

Royal Icing für die Verzierung

Zubereitung

1 Die Fondantglasur zubereiten (siehe Seite 144) und je zur Hälfte rosa und braun färben. Die runden Kuchen wie auf den Seiten 141 und 144 beschrieben zunächst mit Marzipan, dann mit der farbigen Fondantglasur überziehen. Die überzogenen Kuchen in die Pralinenförmchen setzen und diese mit etwas Geschenkband fixieren, bis die Glasur fest geworden ist.

2 Etwas Royal Icing (siehe Seite 145) ebenfalls rosa und braun färben und in zwei Spritzbeutel mit dünner Tülle füllen. Das Muster von Seite 153 freihändig auf die Oberseite der Kuchen spritzen, die Glasur fest werden lassen und vor dem Servieren der Kuchen die Bänder entfernen.

Schwarze Spitzen

Die Inspiration zu diesem Muster bekam ich von der britischen Modedesignerin Pearl Lowe. Besonders schön kommt es in Schwarz-Weiß zur Geltung, aber auch andere Farben sind möglich.

Zutaten

Runde Kuchen mit 5 cm Durchmesser

Marzipan, 60 g pro Kuchen

Weiße Zuckermasse, 75 g pro Kuchen

Schwarzes Geschenkband, 9 mm breit, 15 cm pro Kuchen

Pergamentpapier

Markier-Anreißnadel

Royal Icing

Schwarze Lebensmittelfarbe

Spritzbeutel

Dünne Lochtülle (5 mm Durchmesser)

Zubereitung

1 Die runden Kuchen wie auf den Seiten 141 und 143 beschrieben mit Marzipan und Zuckermasse überziehen. Jeden Kuchen am unteren Rand mit schwarzem Geschenkband umwickeln. Die Vorlage von Seite 156 auf Pergamentpapier abzeichnen, dieses jeweils über einen Kuchen legen und die Blume in der Mitte sowie die Bänder und Schleifen am oberen Rand mithilfe der Anreißnadel auf die Kuchenoberfläche übertragen.

2 Etwas Royal Icing (siehe Seite 145) mit schwarzer Lebensmittelfarbe färben und in einen Spritzbeutel mit dünner Lochtülle füllen. Die vorgezeichneten Muster und das Perlenmuster mit schwarzem Royal Icing aufspritzen.

Tipp

Natürlich kann man für diese Verzierungen auch andere Farbkombinationen wählen – in verschiedenen Farben verschönern diese Törtchen jedes Fest.

Bollywood

Diese Törtchen im Bollywoodstil sind knallig bunt und liegen voll im Trend. Die leuchtenden Farbtöne Safran, Limone, Mandarine und Fuchsia sehen bunt kombiniert am schönsten aus.

Zutaten

Runde Kuchen mit 5 cm Durchmesser

Marzipan, 60 g pro Kuchen

Zuckermasse in den Farben Gelb, Orange, Fuchsia und Hellgrün, 75 g pro Kuchen

Goldenes Geschenkband, 9 mm breit, 15 cm pro Kuchen

Pergamentpapier

Markier-Anreißnadel

Royal Icing

Goldene Lebensmittelfarbe

Spritzbeutel

Dünne Lochtülle (5 mm Durchmesser)

Goldpulver

Etwas Alkohol zum Anrühren

Dünner Pinsel

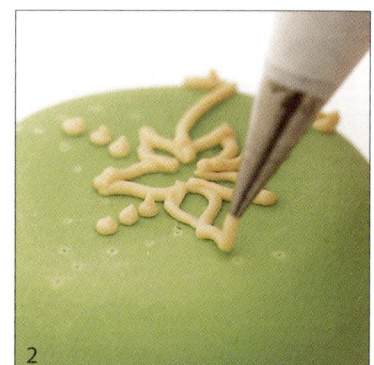

Zubereitung

1 Die runden Kuchen wie auf den Seiten 141 und 143 beschrieben mit Marzipan und der bunten Zuckermasse überziehen. Jeden Kuchen am unteren Rand mit goldenem Geschenkband umwickeln. Die beiden Vorlagen auf Seite 152 auf Pergamentpapier vorzeichnen und dieses mithilfe der Anreißnadel auf die Kuchenoberfläche übertragen.

2 Etwas Royal Icing (siehe Seite 145) mit goldener Lebensmittelfarbe färben und in einen Spritzbeutel mit dünner Lochtülle füllen. Die vorgezeichneten Muster wie auf dem Bild links mit goldenem Royal Icing aufspritzen, dann die Perlenmuster danebensetzen. Die Verzierung etwa 2 Stunden fest werden lassen.

3 Eine kleine Menge Goldpulver in etwas Alkohol anrühren und mit einem dünnen Pinsel auf die Verzierungen auftragen.

Streublümchen

Zarte handgefertigte Blüten und Blätter machen diese kleinen Törtchen zu etwas ganz Besonderem. Ich habe diese kleinen Blumen in verschiedenen Rosatönen kreiert und damit eine große Torte für die Taufe meines Patenkinds Imogen verziert.

Zutaten

Runde Kuchen mit
5 cm Durchmesser

Marzipan, 60 g pro Kuchen

Elfenbeinfarbene Zuckermasse,
75 g pro Kuchen

Graugrünes Geschenkband,
15 mm breit, 15 cm pro Kuchen

Royal Icing

Lebensmittelfarbe in Lila,
Rosa und Grün

3 Spritzbeutel

2 dünne Lochtüllen
(5 mm Durchmesser)

Zubereitung

1 Die runden Kuchen wie auf den Seiten 141 und 143 beschrieben mit Marzipan und Zuckermasse überziehen. Jeden Kuchen am unteren Rand mit graugrünem Geschenkband umwickeln und mit Royal Icing fixieren. Jeweils etwas Royal Icing (siehe Seite 145) mit den drei Lebensmittelfarben färben. Einen Spritzbeutel mit dünner Lochtülle mit dem lila Royal Icing füllen und einen Kranz aus Blütenblättern auf den Kuchen spritzen. Weitere Blütenkränze auf allen Kuchen verteilen.

2 Einen zweiten Spritzbeutel mit dünner Lochtülle mit rosa Royal Icing füllen und auf jeden lila Kranz einen zweiten, kleineren Blütenkranz setzen.

3 Den dritten Spritzbeutel mit grünem Royal Icing füllen und das Ende des Beutels so abschneiden, dass ein kleines V entsteht (siehe Seite 41). Jede Blüte wie abgebildet mit einigen grünen Blättern umgeben.

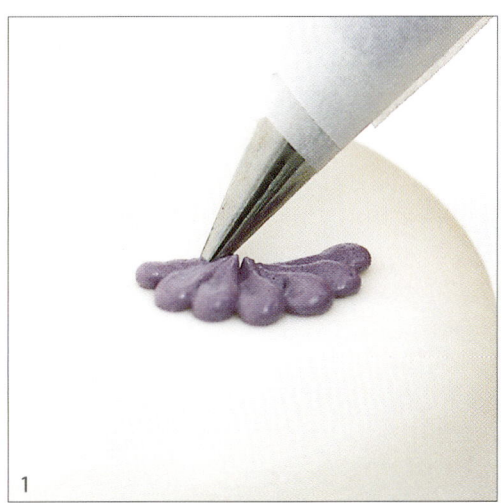

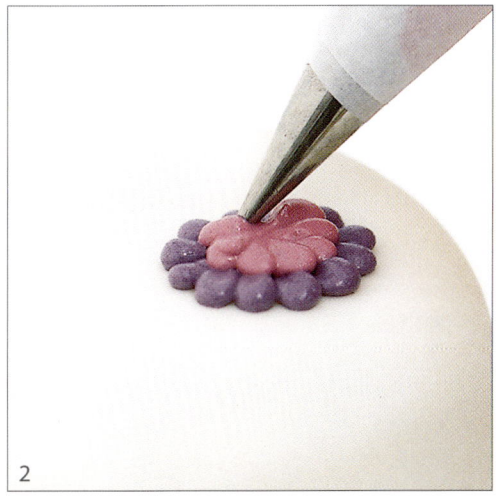

Kokosschmetterlinge

Als Grundlage für diese Kokostörtchen habe ich den Limetten-Kokos-Cake verwendet, doch mit anderen Kuchen funktioniert es ebenso. Die Zuckerscheiben können im Voraus zubereitet werden, und bei den Farben für die Schmetterlinge sind der Fantasie keine Grenzen gesetzt.

Zutaten

Zuckermasse für runde Scheiben, 15 g pro Kuchen

Puderzucker zum Bestäuben

Pergamentpapier

Markier-Anreißnadel

3 Spritzbeutel

2 dünne Lochtüllen (5 mm und 7 mm Durchmesser) und eine große Sterntülle

Royal Icing zum Aufspritzen und Ausfüllen der Schmetterlinge

Verschiedene Lebensmittelfarben

Dünner Pinsel

Runde Kuchen mit 5 cm Durchmesser

Tortenmesser

Buttercreme – je nach Wahl mit Vanille, Orangenschale, Lemon Curd oder Schokolade verfeinert (siehe Seite 138f.), 30 g pro Kuchen

Geröstete Kokosraspel – 10 g pro Kuchen

Zubereitung

1 Die Zuckermasse dünn ausrollen und Kreise von fünf Zentimeter Durchmesser ausstechen. Die Scheiben auf einem mit Puderzucker bestäubten Tablett über Nacht fest werden lassen. Schmetterlinge von Seite 152 auf Pergamentpapier abzeichnen und mithilfe der Nadel auf jede Zuckerscheibe übertragen. Spritzbeutel mit Lochtülle (sieben Millimeter Durchmesser) mit buntem Royal Icing (siehe Seite 145) füllen und die Umrisse aufspritzen. Einen zweiten Beutel mit flüssigem Royal Icing in einer anderen Farbe füllen, die Spitze abschneiden und die Schmetterlingsflügel ausfüllen.

2 Die flüssige Füllung mit einem Pinsel vorsichtig in allen Ecken verteilen. Vor dem weiteren Dekorieren die Flügel 20 Minuten antrocknen lassen.

3 Einen weiteren Spritzbeutel mit Lochtülle (fünf Millimeter Durchmesser) mit Royal Icing in der ursprünglichen Farbe füllen und eine fünfblättrige Blume auf das obere Flügelpaar und jeweils vier Perlen auf das untere Flügelpaar sowie Körper und Fühler des Schmetterlings aufspritzen. Die fertigen Schmetterlinge über Nacht oder mindestens 6 Stunden trocknen lassen.

4 Auf den Seitenflächen der Kuchen mit einem Tortenmesser etwas Buttercreme verstreichen. In den gerösteten Kokosflocken wälzen.

5 Mit einem Spritzbeutel (große Sterntülle) auf die Oberseite jedes Kuchens eine kleine Buttercreme-Rosette aufspritzen und je eine Zuckerscheibe mit Schmetterling daraufsetzen. Zusammen auf einer Kuchenplatte anrichten.

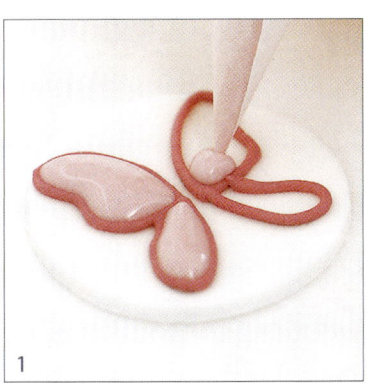

Libellen und Schmetterlinge

Diese handbemalten Törtchen sehen einzeln verpackt und als Gastgeschenk überreicht wunderschön aus. Die Farben können dem Anlass angepasst werden. Die Verzierungen sind allerdings recht zeitaufwendig, wählen Sie daher einen stabilen Kuchen als Grundlage, wie etwa den Dattelkuchen oder den Bananen-Karamell-Kuchen.

Zutaten

Runde Kuchen mit
5 cm Durchmesser

Marzipan, 60 g pro Kuchen

Karamellfarbene Zuckermasse,
75 g pro Kuchen

Pinkfarbenes Geschenkband,
15 mm breit, 15 cm pro Kuchen

Royal Icing zum Fixieren
des Bandes

Pergamentpapier

Markier-Anreißnadel

Kakaobutter

Verschiedene Lebensmittelfarben in Pulverform

Pinsel

Zubereitung

1 Die runden Kuchen wie auf den Seiten 141 und 143 beschrieben mit Marzipan und Zuckermasse überziehen. Jeden Kuchen am unteren Rand mit pinkfarbenem Geschenkband umwickeln, mit Royal Icing (siehe Seite 145) fixieren. Die Vorlagen von Seite 152 auf Pergamentpapier abzeichnen und die Muster mithilfe der Anreißnadel in unterschiedlicher Position und Zusammenstellung auf die Kuchen übertragen, sodass jeder Kuchen anders aussieht.

2 Ein kleines Stück Kakaobutter in einem kleinen Topf über etwas Wasser schmelzen, etwas Farbpulver einrühren und die vorgezeichneten Muster mit einem Pinsel ausmalen. Zum Intensivieren der Farbe einfach mehrere Schichten auftragen. Zum Schluss Beine und Fühler der Tiere mit feinen schwarzen Linien aufzeichnen.

Tipp

Wenn die Kakaobutter wieder fest wird, einfach das heiße Wasser durch frisch aufgekochtes Wasser ersetzen.

Goldene Weihnachtstörtchen

Wenn wir unsere Nachbarn in der Vorweihnachtszeit zu einem Gläschen Sekt oder Punsch einladen, kommen diese in leuchtendem Gold verzierten Köstlichkeiten immer gut an. Hübsch verpackt kann man sie natürlich auch gut verschenken. Als Grundlage empfehle ich Schoko-Mandel-Kuchen, Dattelkuchen oder Mokka-Pekannuss-Torte.

Zutaten

Kuchenwürfel, je 5 cm groß

Weiße Modellierschokolade, 70 g pro Kuchen

Dunkle Modellierschokolade, 85 g pro Kuchen

Goldgefärbte Dekormasse, 5 g pro Kuchen für 3 Stechpalmenblätter

Kleines Wellholz

Kleine Ausstechform in Form eines Stechpalmenblattes (2 cm groß)

1 neuer Küchenschwamm

1 Rezeptmenge Royal Icing (siehe Seite 145)

Flüssige Lebensmittelfarbe in Gold

Goldenes Geschenkband, 15 mm breit, 20 cm pro Kuchen

Pergamentpapier

Markier-Anreißnadel

Spritzbeutel

Dünne Lochtülle (5 mm Durchmesser)

Lebensmittelfarbpulver in Gold

Etwas Alkohol zum Anrühren

Dünner Pinsel

Zubereitung

1 Jeden Kuchenwürfel wie auf Seite 149 beschrieben mit weißer und anschließend mit dunkler Modellierschokolade überziehen. Die goldgefärbte Dekormasse (siehe Seite 141) sehr dünn ausrollen und Stechpalmenblätter ausstechen. Die Blätter auf einem weichen, feuchten Küchenschwamm trocknen lassen, denn so wölben sie sich etwas und sehen natürlicher aus.

2 Das Royal Icing golden färben, kleine Mengen davon am unteren Rand der Kuchen aufbringen und damit das goldene Geschenkband fixieren. Das Schneeflockenmuster und die Weihnachtsbäume von Seite 154 auf Pergamentpapier abzeichnen und mithilfe der Anreißnadel auf die Kuchen übertragen. Zwei Drittel aller Kuchen so vordekorieren.

3 Den Spritzbeutel mit dem goldenen Royal Icing füllen und das Schneeflockenmuster aufspritzen. Die Seitenflächen eines weiteren Drittels aller Kuchen mit Weihnachtsbäumen verzieren. Je drei Stechpalmenblätter auf die restlichen Kuchen setzen und dazwischen runde Beeren aufspritzen.

4 In einer kleinen Schüssel etwas Goldpulver in Alkohol auflösen und alle Verzierungen vorsichtig mit der goldenen Flüssigkeit bestreichen. Auf einige Baumspitzen Sterne malen. Die Törtchen auf einer goldenen Servierplatte anrichten oder einzeln verpacken und mit goldenem Band dekorieren.

Bunte Herzen

Diese fröhlichen bunten Kuchenwürfel sehen angerichtet auf einer Etagere besonders hübsch aus. Die Farben können je nach Anlass entsprechend variiert werden. Ursprünglich wurden diese Törtchen von einem Londoner Luxuskaufhaus anlässlich einer Verkaufsaktion zum Valentinstag bestellt.

Zutaten

Kuchenwürfel, je 5 cm groß

Marzipan, 70 g pro Kuchen

Weiße Zuckermasse, 85 g pro Kuchen

Bunt gemustertes Geschenkband, 9 mm breit, 20 cm pro Kuchen

Royal Icing (siehe Seite 145) zum Fixieren des Bandes und für die Spiralen auf den Herzen

Kleines Wellholz

Zuckermasse in verschiedenen Farben

Kleine Herz-Ausstechform

Zuckerkleber

Lebensmittelfarbe nach Wahl

Spritzbeutel

Dünne Lochtülle (5 mm Durchmesser)

Zubereitung

1 Die Kuchenwürfel wie auf den Seiten 141 und 143 beschrieben mit Marzipan und Zuckermasse überziehen. Jeden Kuchen am unteren Rand mit buntem Geschenkband umwickeln und dieses mit etwas Royal Icing fixieren.

2 Die farbigen Zuckermassen sehr dünn (ein bis zwei Millimeter) ausrollen und viele Herzen ausstechen. (Ausstechformen mit einer kleinen Feder machen das Ausstechen leichter und präziser.)

3 Je etwa sieben bis acht Herzen mit etwas Zuckerkleber auf der Oberfläche jedes Kuchens verteilen.

4 Etwas Royal Icing mit Lebensmittelfarbe färben und in einen Spritzbeutel mit dünner Lochtülle füllen. Einzelne Herzen mit einer bunten Spirale verzieren, die von innen nach außen aufgespritzt wird. Vor dem Servieren oder Verpacken die Verzierung mindestens 6 Stunden fest werden lassen.

Schokoschälchen

Diese Schälchen aus weißer Schokolade eignen sich hervorragend als einzelne Dessertportionen für eine Dinnerparty oder ein Sommerfest. Jedes Schälchen besteht aus Schokolade und wird mit frischen Beeren gefüllt.

Zutaten

Runde Kuchen mit
5 cm Durchmesser

Weiße Modellierschokolade,
125 g pro Kuchen, zusätzlich je
75 g für die Umrandung

Puderzucker zum Bestäuben

Kleines Wellholz

Backpinsel

Weinbrand oder abgekochtes,
abgekühltes Wasser

Cremefarbenes Ripsband,
15 mm breit, 20 cm pro Kuchen

Etwas Royal Icing
(siehe Seite 145)

Beeren nach Saison (Erdbeeren,
Rote Johannisbeeren,
Himbeeren), 40 g pro Kuchen

Zubereitung

1 Die runden Kuchen zunächst mit weißer Modellierschokolade überziehen (siehe Seite 149). Die Arbeitsfläche leicht mit Puderzucker bestäuben und ein Stück Modellierschokolade (75 Gramm) zu einem Rechteck von etwa 20 mal 2,5 Zentimetern ausrollen. Das untere Ende gerade abschneiden und das obere Ende mit einem kleinen Wellholz wellenförmig eindellen.

2 Die Seitenflächen der Kuchen mit Weinbrand oder abgekühltem Wasser einstreichen und die Umrandung wie abgebildet anlegen. Die Ränder der Umrandung passend abschneiden, sodass sie genau aneinanderstoßen.

3 Das Ripsband um den unteren Rand der Schälchen legen und mit etwas Royal Icing fixieren. Zum Schluss die Schälchen mit frischen Beeren füllen.

Tipp

Für mehr Abwechslung einfach einige Schälchen aus dunkler Schokolade herstellen oder beide Farben kombinieren.

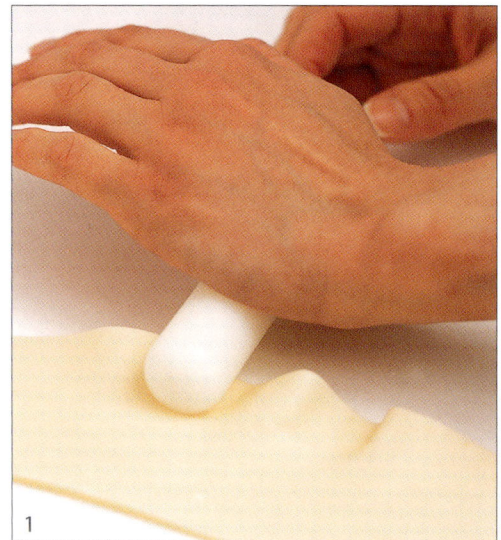

Dreifarbige Schokorosen

Hübsch verpackt und aufwendig dekoriert sind diese verzierten Törtchen wunderschöne Geschenke. Bei den Kunden meiner Little Venice Cake Company kommen sie das ganze Jahr über und zu jedem Anlass gut an. Oft werden sie auch als Dessert für Hochzeitsmenüs gewählt, denn so bekommt jeder Gast sein ganz eigenes Hochzeitstörtchen.

Zutaten

Runde Kuchen mit 5 cm Durchmesser

Weiße, dunkle oder Vollmilch-Modellierschokolade für die Rosen, 5 g pro Rose mit Blättern

Klarsichtfolie

Tortenmesser

Weiße Modellierschokolade für den ersten Überzug, 60 g pro Kuchen

Weiße, dunkle oder Vollmilch-Modellierschokolade für den zweiten Überzug, 75 g pro Kuchen

Spritzbeutel

Flüssige Schokolade zum Fixieren der Rosen und des Geschenkbands

Ripsband, 15 mm breit, 20 cm pro Kuchen

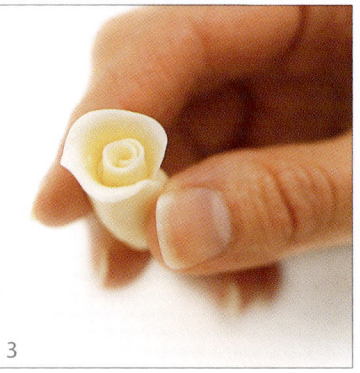

Zubereitung

1 Etwas Modellierschokolade zwischen beiden Handflächen erwärmen und zu einer Kugel formen. Die Kugel zwischen Klarsichtfolie legen und rasch mit der Hand flach drücken, mit dem Zeigefinger die beiden oberen Drittel noch flacher und breiter drücken, sodass der untere Rand etwas dicker bleibt.

2 Die Klarsichtfolie entfernen, das Schokoblatt am breiteren Rand halten und zum innersten Blütenblatt der Rose zusammenrollen.

3 Wie unter Schritt 1 beschrieben, zwei weitere Blätter herstellen und so um das innere Blütenblatt wickeln, dass sich beide überlappen. Die oberen Ränder der Blüte leicht nach außen biegen, sodass eine schöne Blütenform entsteht. Das untere Ende der Rosenblüte mit einem Tortenmesser abschneiden.

4 Pro Kuchen drei Rosen und drei Blätter herstellen. Für die Blätter etwas dunkle Modellierschokolade zu einer etwa zwei Zentimeter langen Rolle formen und flach drücken. Die beiden Längsseiten zueinanderbiegen, sodass die charakteristische Blattform entsteht. Beiseitestellen und fest werden lassen.

5 Die runden Kuchen zunächst mit weißer, dann mit dunkler Modellierschokolade überziehen (siehe Seite 149). Einen Spritzbeutel mit etwas flüssiger Schokolade füllen und damit das Ripsband am unteren Ende der Kuchen und je drei Rosen und drei Blätter auf den Kuchen fixieren.

Champagner-Schlüsselblumen

Diese hübschen Törtchen kombinieren frische Frühlingsblumen aus Zucker mit feinen handgefertigten Champagnerperlen. Besonders gut passen zu diesem Design die leichten, fruchtigen Kuchen, wie etwa Limetten-Kokos-Cake, Bananen-Karamell-Kuchen oder Vanilletorte mit Lemon-Curd-Buttercreme.

Zutaten

Runde Kuchen mit 5 cm Durchmesser

Gelbe Dekormasse, 20 g pro Kuchen (für 3 Blüten)

Ausstechformen in Form einer Schlüsselblumenblüte (2,5 cm groß)

Grüne Lebensmittelfarbe in Pulverform

Etwas Alkohol zum Anrühren

Dünner Pinsel

Marzipan, 60 g pro Kuchen

Weiße Zuckermasse, 75 g pro Kuchen

Gelbes Geschenkband, 9 mm breit, 15 cm pro Kuchen

Weißes Royal Icing

Spritzbeutel

Dünne Lochtülle (ca. 5 mm Durchmesser)

Zubereitung

1 Für die Schlüsselblumen etwas gelbe Dekormasse (siehe Seite 141) zunächst zu einer Kugel und dann zu einem Trichter formen, dabei die Seiten etwas auseinanderziehen.

2 Den Trichter umgekehrt auf die Arbeitsfläche setzen, die Ausstechform darüberstülpen, eine Blüte ausstechen und die überschüssige Masse entfernen. Jedes Blütenblatt vorsichtig noch etwas flacher drücken.

3 Etwas grüne Lebensmittelfarbe in Alkohol auflösen und das Innere jeder Blüte mit einem dünnen Pinsel grün bemalen. Jeweils drei Blüten pro Kuchen wie beschrieben vorbereiten und beiseitestellen, damit sie trocknen und fest werden.

4 Die runden Kuchen wie auf den Seiten 141 und 143 beschrieben mit Marzipan und Zuckermasse überziehen. Jeden Kuchen am unteren Rand mit gelbem Geschenkband umwickeln und mit etwas Royal Icing (siehe Seite 145) fixieren.

5 Einen Spritzbeutel mit dünner Lochtülle mit weißem Royal Icing füllen und einige Perlensäulen wie abgebildet auf die Seitenflächen der Kuchen spritzen. Je drei Blüten mit etwas Royal Icing auf den Törtchen fixieren.

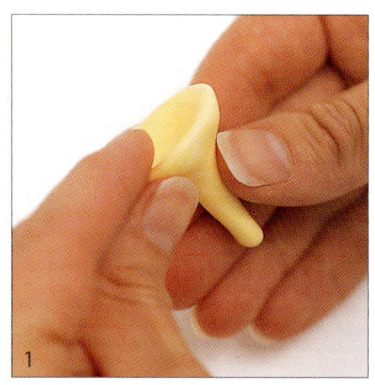   

Rote Fondant-Rosen

Diese Törtchen sehen besonders schön aus, wenn man sie zusammen auf einer Kuchenplatte anrichtet. Sie sind mit einer roten Rose und je zwei grünen Blättern aus Zucker verziert. Als Grundlage eignet sich Limetten-Kokos-Cake ohne Buttercreme oder Vanilletorte mit etwas Zitronenschale verfeinert.

Zutaten

Runde Kuchen mit 5 cm Durchmesser

Rote Zuckermasse, 25 g pro Rose

Marzipan, 60 g pro Kuchen

Fondantglasur, 75 g pro Kuchen

Silberne Pralinenförmchen (6 cm Durchmesser)

Geschenkband oder Gummibänder zum Fixieren der Förmchen

Royal Icing für die Blätter

Grüne Lebensmittelfarbe

Spritzbeutel

Zubereitung

1 Aus der roten Zuckermasse je eine Rose pro Kuchen herstellen (siehe Seite 36), dabei ein mittleres Blatt und vier Blätter zum Umranden herstellen.

2 Die runden Kuchen wie auf den Seiten 141 und 144 beschrieben zunächst mit Marzipan, dann mit Fondantglasur überziehen. Die fertig überzogenen Kuchen in die Pralinenförmchen setzen und diese mit etwas Geschenkband oder einem Gummiband fixieren, bis die Glasur fest geworden ist.

3 Das Royal Icing grün färben und in einen Spritzbeutel füllen. Die Spitze des Beutels mit zwei diagonalen Schnitten abschneiden, sodass ein »V« entsteht (siehe Bild).

4 Den Spritzbeutel direkt über die Kuchen halten und jeweils drei grüne Blätter mittig so auf die Kuchen spritzen, dass die Blattspitzen nach außen zeigen. Vorsichtig je eine Rose auf die Blätter setzen und fest werden lassen. Vor dem Servieren das Geschenk- oder Gummiband entfernen.

Apfelblüten-Bären

Die Geburt eines Babys wird immer gerne zum Anlass für ein großes Fest genommen, und diese niedlichen Kuchen sind für eine solche Feier perfekt geeignet. Natürlich passen sie auch gut zu einer Tauffeier oder zur Feier des ersten Geburtstags eines Babys. Für mich ist die beste Grundlage dafür der Limetten-Kokos-Cake.

Zutaten

Kuchenwürfel, je 5 cm groß

Modelliermasse, 30 g pro Kuchen

Lebensmittelfarbe in Dunkelbraun, Hellbraun, Schwarz, Blau und Apfelgrün

Modellierstäbchen/Zahnstocher

Zuckerkleber

Weißes Royal Icing zum Fixieren des Geschenkbands und für die Bärenaugen

2 Spritzbeutel

2 dünne Lochtüllen (ca. 5 mm Durchmesser)

Sehr dünner Pinsel

Kleines Wellholz

Weiße Zuckermasse, 90 g pro Kuchen, auch für die Apfelblüten

2 kleine Ausstechformen in Blütenform (3 mm und 5 mm)

Marzipan, 70 g pro Kuchen

Weißes Geschenkband, 15 mm breit, 20 cm pro Kuchen

Apfelgrünes Geschenkband, 6 mm breit, 20 cm pro Kuchen

Zubereitung

1 Für jeden Bären zwei kleine Portionen Modelliermasse für die hellbraune Schnauze und die schwarze Nase abtrennen und färben. Restliche Masse dunkelbraun färben. Ein Quadrat von sechs Zentimetern zeichnen und die Körperteile mithilfe der Modellierstäbchen so groß formen, dass der Bär fertig zusammengesetzt in das Quadrat passt. Körperteile mit Zuckerkleber zusammenfügen und die Augen mit farbigem Royal Icing aufspritzen – weiß und blau mit schwarzer Pupille. Den Mund mit schwarzer Lebensmittelfarbe aufmalen.

2 Etwas weiße Zuckermasse sehr dünn ausrollen und viele Apfelblüten in beiden Größen ausstechen. Die Blüten auf Papier legen und trocknen lassen.

3 Kuchen mit Marzipan und Zuckermasse überziehen (siehe Seite 141 und 143). Jeden Kuchen mit weißem und darüber mit grünem Geschenkband umwickeln und beide Bänder mit etwas Royal Icing fixieren. Einen Spritzbeutel mit weißem Royal Icing füllen und damit eine Reihe weißer Apfelblüten auf jedem Kuchen fixieren. Die Blütenranke sollte dabei entweder auf der oberen oder der unteren Ecke des Kuchens platziert werden. Eine kleine weiße Perle in die Mitte jeder Blüte spritzen. Einen weiteren Spritzbeutel mit apfelgrünem Royal Icing füllen und kleine grüne Blätter zwischen die Blüten spritzen.

4 Auf einige Kuchen zusätzlich einen Bären setzen und mit etwas Royal Icing fixieren.

Auf dem Bauernhof

Diese Törtchen sind so niedlich, dass sich nicht nur Kinder sofort in sie verlieben. Ich habe sie für eine Osterfeier gebacken und verziert, die die Schule meines Sohnes zu einem wohltätigen Zweck veranstaltete. Natürlich sind sie auch als kleines Geschenk für die Gäste einer Kindergeburtstagsparty absolut unschlagbar. Als Grundlage eignet sich jeder Kuchen, der Kindern schmeckt, etwa Vanilletorte, Schoko-Mandel-Kuchen oder Limetten-Kokos-Cake.

Zutaten

Kuchenwürfel, je 5 cm groß

Marzipan, 70 g pro Kuchen

Weiße Zuckermasse, 85 g pro Kuchen

Buntes Geschenkband, 9 mm breit, 20 cm pro Kuchen

Royal Icing zum Fixieren des Bandes und der Tiere

Zuckermasse in Gelb, Orange, Braun, Grün, Rosa, Schwarz und Weiß für die Tiere

Modellierstäbchen/Zahnstocher

Zuckerkleber

Zubereitung

1 Kuchen mit Marzipan und Zuckermasse überziehen (siehe Seite 141 und 143). Jeden Kuchen mit Geschenkband umwickeln, mit Royal Icing fixieren.

2 Nun die Tiere herstellen – dabei die einzelnen Körperteile mit Zuckerkleber zusammenfügen.

3 Für die Ente etwas gelbe Zuckermasse zu einem Kopf formen, den Schnabel in Orange, die Augen in Schwarz und die Stirnlocke in Gelb formen.

4 Für das Schaf braune Zuckermasse zu einem Kopf formen, das Maul einschneiden, mit einem Röhrchen Nasenlöcher eindrücken. Zusätzlich zwei Schlappohren in Braun, die Augen in Schwarz und Weiß, einige weiße Kügelchen für die Wolle am Kopf und grüne Grasbüschel für das Maul formen.

5 Für das Schwein eine rosa Kugel für den Kopf, rosa Ohren und die Schnauze formen und ebenfalls Nasenlöcher eindrücken. Augen in Schwarz und Weiß formen. – Die Tierköpfe mit etwas Royal Icing auf den Törtchen fixieren.

Partytörtchen

Partytörtchen

Die Torten in diesem Kapitel sind stilvoll und elegant zugleich. Eine kleine ein- oder gar mehrstöckige Torte mit ausgefallenen Verzierungen bekommt man nicht jeden Tag zu sehen – sie macht jedes große Fest erst komplett. Besonders gut passen diese Torten zu einem etwas offizielleren Anlass, denn sie bieten sich als Motiv geradezu an, wenn man alle Gäste für ein gemeinsames Foto versammeln möchte. In diesem Kapitel habe ich einige meiner Lieblingsrezepte für Hochzeiten, Jubiläen, Geburtstage und Taufen zusammengestellt – und auch einige wunderschöne weihnachtliche Torten sind dabei. Als Grundlage eignen sich alle Kuchen aus dem Kapitel »Köstliche Kuchen« ab Seite 76.

Kirschblüte

Ein japanisches Sprichwort sagt, dass jeder, der in seinem Leben die perfekte Kirschblüte sucht, diesem Leben einen wahren Sinn gegeben hat. Dies ist die perfekte Kirschblütentorte – in weichen Braun- und Rosatönen gehalten. Ich habe für diese Torte den Dattelkuchen als Grundlage gewählt.

Zutaten

2 runde Kuchen mit 5 cm und 7,5 cm Durchmesser, aus einem großen Kuchenquadrat von 20 cm ausgestochen

150 g Marzipan

450 g elfenbeinfarbene Zuckermasse

Runde Kuchenplatte mit 12,5 cm Durchmesser

Pergamentpapier

Markier-Anreißnadel

Weißes Royal Icing

Lebensmittelfarbe in Schokoladenbraun, Dunkelrosa und Hellrosa

40 cm hellrosa Geschenkband, 6 mm breit, für die Kuchen

60 cm schokoladenbraunes Geschenkband, 3 mm breit, für Kuchen und Schleife

3 Spritzbeutel

3 dünne Lochtüllen (ca. 5 mm Durchmesser)

40 cm blassrosa Geschenkband, 15 mm breit, für die Kuchenplatte

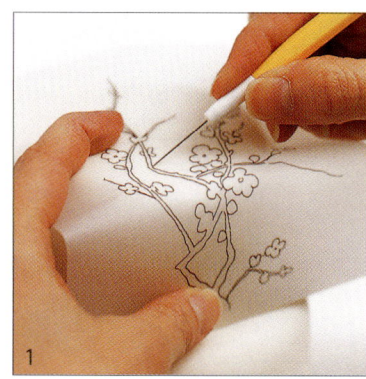 

Zubereitung

Die beiden runden Kuchen wie auf den Seiten 141 und 143 beschrieben mit Marzipan und Zuckermasse überziehen und übereinander mittig auf die runde, mit Zuckermasse überzogene Kuchenplatte setzen.

1 Das Kirschblütenmuster (siehe Seite 153) auf Pergamentpapier abzeichnen und mithilfe einer Markier-Anreißnadel auf den unteren und den oberen Kuchen übertragen. Je ein Drittel des Royal Icings (siehe Seite 145) braun, dunkel- und hellrosa färben.

2 Beide Kuchen am unteren Rand zunächst mit dem hellrosa, dann mit dem braunen Geschenkband umwickeln. Ein kürzeres Stück braunes Geschenkband zu einer Schleife binden und mit etwas Royal Icing auf dem oberen braunen Geschenkband fixieren, wo die beiden Bandenden aufeinandertreffen. Drei Spritzbeutel mit dünner Lochtülle mit dem Royal Icing in verschiedenen Farben füllen. Zunächst mit dem braunen Royal Icing die vorgezeichneten Zweige aufspritzen, dann kleine runde perlenförmige Blüten in den beiden Rosatönen aufspritzen und zum Schluss in die Mitte einer Blüte eine Perle in hellem oder dunklem Rosa setzen. Das breite Geschenkband seitlich um die Kuchenplatte wickeln und mit etwas Royal Icing fixieren.

Little-Venice-Lace™

Die Inspiration zu diesem Design erhielt ich im altehrwürdigen Dorchester Hotel in London. Das klassische, handgefertigte Spitzenmuster (engl. *lace*) erhält einen schimmernden Überzug und eignet sich gut für Anlässe, die im kleinen Kreis gefeiert werden, wie etwa einen Hochzeitstag, eine Verlobung oder eine standesamtliche Trauung. Wird im großen Kreis gefeiert, kann man diese Muster natürlich auch zur Verzierung einer mehrstöckigen Torte verwenden.

Zutaten

1 Kuchenwürfel, 20 cm groß

600 g Marzipan

750 g elfenbeinfarbene Zuckermasse

Pergamentpapier

Markier-Anreißnadel, Spritzbeutel

Lochtüllen (ca. 7 mm Durchmesser)

Weißes Royal Icing

60 cm elfenbeinfarbenes Geschenkband, 9 mm breit

Durchsichtiges Glanzpulver (siehe Seite 158)

Dünner Pinsel

3 Rosen und 8 Rosenblätter aus elfenbeinfarbener und grüner Dekormasse (siehe Seite 36)

Zubereitung

1 Aus dem Kuchenwürfel ein Herz von 15 Zentimeter Größe ausschneiden. Das Herz wie auf den Seiten 140 und 142 beschrieben erst mit Marzipan, dann mit Zuckermasse überziehen. Das Spitzenmuster (siehe Seite 154) auf Pergamentpapier abzeichnen und mithilfe einer Markier-Anreißnadel so auf die Seitenflächen des Kuchens übertragen, dass die Mitte eines Musters genau auf der unteren Spitze des Herzens liegt.

2 Einen Spritzbeutel mit weißem Royal Icing füllen. Das Geschenkband um den unteren Rand des Kuchens wickeln und mit etwas Royal Icing fixieren, dann das vorgezeichnete Spitzenmuster wie abgebildet aufspritzen und etwa 4 Stunden fest werden lassen.

3 Glanzpulver (½ Teelöffel) in etwas Alkohol anrühren und mit einem dünnen Pinsel das gesamte Spitzenmuster sowie Rosen und Rosenblätter mit einem glänzenden Überzug versehen. Die Rosen und Rosenblätter auf den Kuchen setzen und mit etwas Royal Icing fixieren.

Charleston-Perlen

Meine Inspiration zu dieser Torte waren die Charleston-Perlen der 1920er-Jahre – endlos lange Perlenketten, die man in verschiedenen Längen zu kurzen Röcken und zu Federhüten trug. Dieses Design ist sehr schön auf einer mehrstöckigen Hochzeitstorte. Eine kleinere Torte kann man mit frischen Rosen und einigen Strasssteinchen dekorieren.

Zutaten

2 Kuchenwürfel, 7,5 cm und 12,5 cm groß

850 g Marzipan

1 kg weiße Zuckermasse

Dünner Karton

Markier-Anreißnadel

Spritzbeutel

Lochtülle (ca. 9 mm Durchmesser)

Weißes Royal Icing

1 m weißes Geschenkband, 15 mm breit

Pinsel

Gelatinepulver

7 kleine gelbe Rosen, mit weißem Organzaband umwickelt

12 Strasssteine (12 mm Durchmesser) mit Loch zum Auffädeln

12 Stücke weißer Blumendraht

Zubereitung

1 Die beiden Kuchen wie auf den Seiten 140 und 142 beschrieben mit Marzipan und mit Zuckermasse überziehen und mittig aufeinandersetzen. Die drei Vorlagen von Seite 153 auf dünnen Karton zeichnen und ausschneiden. Mithilfe einer Markier-Anreißnadel die verschiedenen Bögen um die Oberkanten beider Kuchen so übertragen, dass sie sich gegenseitig überlappen.

2 Einen Spritzbeutel mit Lochtülle mit dem Royal Icing (siehe Seite 145) füllen. Weißes Geschenkband um den unteren Rand beider Kuchen wickeln und mit etwas Royal Icing fixieren. Auf die markierten Bögen rings um die Kuchen Perlen in verschiedenen Größen aufspritzen. Die Perlen mindestens 4 Stunden trocknen lassen.

3 Gelatinepulver in etwas Wasser anrühren und mit einem Pinsel jede Perle bestreichen. Einen Strauß kleiner gelber Rosen mit etwas Organzaband umwickeln und das Band zu einer Schleife binden. Je einen Strassstein auf ein Stück Draht fädeln und mit dem Draht an der Spitze fixieren. Jedes Drahtstück auf etwa 2,5 Zentimeter Länge kürzen, je ein Stück Draht mit Stein in die Mitte jeder Rose und die anderen Steine zwischen die Rosen stecken.

Bunte Punkte

Dieses fröhlich bunte Design wurde einmal vom Londoner Nobelkaufhaus Harrods übernommen und auf eine große dreistöckige Torte übertragen, aus der – zur Überraschung aller – ein Showgirl hervorsprang. Auch einstöckige Kuchen oder Mini-Partytörtchen lassen sich wunderbar mit diesem Muster verzieren.

Zutaten

2 runde Kuchen mit 5 cm und 7,5 cm Durchmesser, aus einem großen Kuchenquadrat von 20 cm ausgestochen

150 g Marzipan

500 g weiße Zuckermasse

Runde Kuchenplatte mit 12,5 cm Durchmesser

Lebensmittelfarbe in Hellgrün, Hellrosa und dunklerem Rosa

Weißes Royal Icing

Puderzucker zum Bestäuben

Kleines Wellholz

Runde Ausstechform (1,5 cm Durchmesser)

Zuckerkleber

3 Spritzbeutel

3 dünne Lochtüllen (ca. 5 mm Durchmesser)

40 cm bunt gemustertes, farblich passendes Geschenkband, 9 mm breit, für die Kuchen

40 cm fuchsiarotes Geschenkband, 15 mm breit, für die Kuchenplatte

Zubereitung

1 Die beiden runden Kuchen wie auf den Seiten 141 und 143 beschrieben mit Marzipan und Zuckermasse überziehen und übereinander mittig auf die runde, mit Zuckermasse überzogene Kuchenplatte setzen.

2 Die restliche Zuckermasse in drei gleich große Portionen teilen und grün, hellrosa und dunkelrosa einfärben. Das Royal Icing (siehe Seite 145) gleichmäßig auf drei Schüsseln verteilen und ebenso färben wie die Zuckermasse. Die Arbeitsfläche mit etwas Puderzucker bestäuben und die drei farbigen Zuckermassen dünn ausrollen. Verschiedenfarbige Kreise ausstechen und diese mit Zuckerkleber auf der doppelstöckigen Torte verteilen und fixieren. Dabei darauf achten, dass sich die Farben abwechseln und genügend Platz zwischen den Kreisen bleibt.

3 Drei Spritzbeutel mit dem Royal Icing in verschiedenen Farben füllen. Jeden Kuchen am unteren Rand mit buntem Geschenkband umwickeln und dieses mit etwas Royal Icing fixieren. Um jeden Kreis bunte Perlen aufspritzen und zwischen den Perlen immer genügend Platz für eine zweite Reihe Perlen lassen, die dann in einer anderen Farbe und etwas länglich aufgespritzt wird. Zum Schluss das fuchsiarote Band um die Kuchenplatte legen und mit Royal Icing fixieren.

Schimmernde Iris

Lebensmittelfarben mit Glanzeffekt wirken besonders schön auf zarter dunkler Schokolade. Dieses Design erinnert etwas an den Art-nouveau-Stil; ich habe für meine Lilien- und Schmetterlingsmotive die Farben Kupfer, Bronze und Gold gewählt. Bei diesem ausdrucksstarken Design können Sie Ihrer Fantasie und Kreativität freien Lauf lassen.

Zutaten

2 Kuchenwürfel, 7,5 cm und 10 cm groß, aus einem großen Kuchenquadrat von 20 cm geschnitten

600 g weiße Modellierschokolade

850 g dunkle Modellierschokolade für den äußeren Überzug

Quadratische Kuchenplatte mit 15 cm Seitenlänge

1 m dunkelbraunes Ripsband, 15 mm breit

Pergamentpapier

Markier-Anreißnadel

Lebensmittelfarbe mit Glanzeffekt in Pulverform in Bronze, Kupfer und Gold

Etwas Alkohol zum Anrühren

Mehrere Pinsel

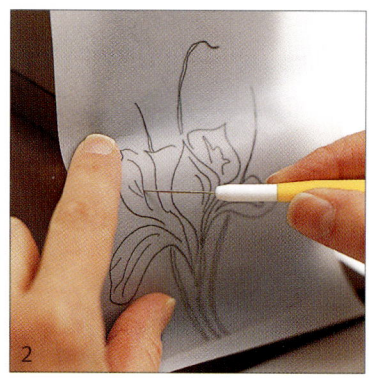 

Zubereitung

1 Beide Kuchenwürfel wie auf Seite 149 beschrieben zunächst mit weißer, dann mit dunkler Modellierschokolade überziehen und übereinander mittig auf die quadratische, mit dunkler Modellierschokolade überzogene Kuchenplatte setzen. Die Platte sowie beide Kuchen am unteren Rand mit dem braunen Ripsband umwickeln.

2 Die Blumen- und Schmetterlingsvorlagen von Seite 156 auf Pergamentpapier abzeichnen.

3 Die Vorlagen mithilfe einer Markier-Anreißnadel auf Oberseite und Seitenflächen der Torte übertragen.

4 Die Lebensmittelfarben jeweils in etwas Alkohol anrühren und die vorgezeichneten Muster verschiedenfarbig bemalen. Die Farben bekommen mehr Tiefe, wenn man mehrere Schichten aufträgt.

Tipp

Auch auf kleinen, mit Schokolade überzogenen Kuchen und Partytörtchen sieht dieses Design einfach wunderschön aus.

Cannes-Cannes

Die weltberühmten Haute-Couture-Entwürfe von Chanel lieferten die Vorlage für diese Torte – Pariser Chic gepaart mit dem Glamour von Cannes. Auch andere Farbkombinationen sind möglich, doch mir gefällt der klassische Schwarz-Weiß-Look am besten.

Zutaten

2 Kuchenwürfel, 5 cm und 10 cm groß, aus einem großen Kuchenquadrat von 20 cm geschnitten

450 g Marzipan

1 kg weiße Zuckermasse

Quadratische Kuchenplatte mit 10 cm Seitenlänge

250 g Dekormasse

Kleines Wellholz

Weinbrand zum Bestreichen

Puderzucker zum Bestäuben

Backpinsel

Abgekochtes, abgekühltes Wasser oder Zuckerkleber

1 m schwarzes Geschenkband, 9 mm breit

Royal Icing zum Fixieren des Geschenkbands

Hübsch verzierte erhöhte Tortenplatte (nach Belieben)

Zubereitung

1 Die beiden Kuchen mit Marzipan und Zuckermasse überziehen und übereinander mittig auf die Kuchenplatte setzen (siehe Seite 141 und 143). Die restliche weiße Zuckermasse mit der Dekormasse vermengen – dadurch wird sie noch fester. Die Masse leicht kneten und zu einem schmalen Rechteck von 50 mal 9 Zentimetern ausrollen. Beide Enden gerade abschneiden, eine Längsseite des Rechtecks mit dem Wellholz wellenförmig eindellen.

2 Die Seitenflächen des unteren Kuchens mit Weinbrand bestreichen und das Zuckerband um den Kuchen legen. Die Enden so zuschneiden, dass sie direkt aneinanderstoßen. Auf die gleiche Weise ein kürzeres Zuckerband (25 mal 9 Zentimeter) für den oberen Kuchen fertigen und anlegen.

3 Die Arbeitsfläche mit etwas Puderzucker bestäuben, kleine Rechtecke aus der Zuckermasse (15 mal 3 Zentimeter) ausrollen und eine Längsseite ebenso wellenförmig eindellen. Die Rechtecke rüschenartig zusammenfassen.

4 Die Innenseite der breiten Zuckerbänder mit dem abgekühlten Wasser oder Zuckerkleber bestreichen und die Zuckerrüschen darin fixieren. So den gesamten freien Platz mit Rüschen füllen und diese fest werden lassen.

5 Zwei kleine Schleifen aus Geschenkband binden. Beide Kuchen mit dem restlichen Geschenkband umwickeln, mit etwas Royal Icing (siehe Seite 145) fixieren und an der Vorderseite jeweils die beiden Schleifen anbringen.

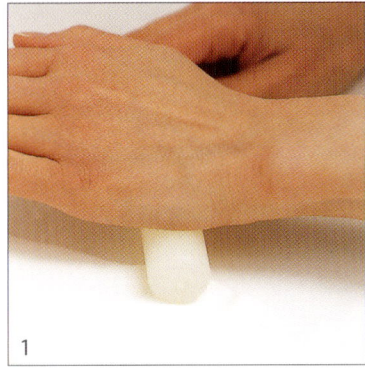   

Kaskade aus Rosen und Callas

Hier habe ich zwei Kuchen aus dunkler und weißer Schokolade auf-
einandergesetzt, die von einer fließenden Kaskade aus handgefertigten
dunklen und weißen Rosen, Callas und Rosenblättern gekrönt werden.
Als Grundlage passt hier jeder Schokoladenkuchen, aber auch ein leichter
Vanillekuchen mit Vanille-, Schoko- oder Espresso-Buttercreme.

Zutaten

2 runde Kuchen mit 5 cm und
7,5 cm Durchmesser, aus einem
großen Kuchenquadrat von
20 cm ausgestochen

600 g weiße Modellierschokolade für Überzug und Blumen

200 g dunkle Modellier-
schokolade für die Blumen

Modellierstäbchen mit
rundem Kopf

Kleines Wellholz

Reliefausstechform in Form
eines Rosenblattes mit Adern
(ca. 2 cm groß)

500 g dunkle Modellierschokolade für den Überzug

Runde Kuchenplatte mit
12,5 cm Durchmesser

20 cm cremefarbenes Ripsband,
15 mm breit

75 cm dunkelbraunes Ripsband,
15 mm breit

2 Spritzbeutel

50 g weiße Schokolade,
geschmolzen

50 g dunkle Schokolade,
geschmolzen

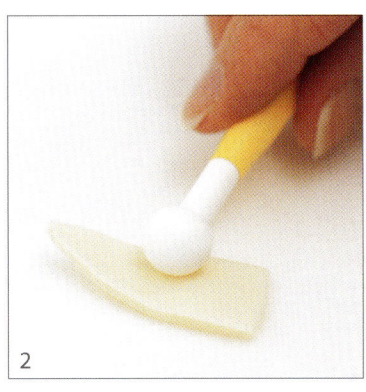

Zubereitung

1 Die genaue Anzahl der benötigten Blüten und Blätter hängt davon ab, wie
groß die beiden Kuchen und die Blumen sind und welcher Teil der Kuchen
dekoriert werden soll. Für diese Torte habe ich zehn Rosen, fünf Callas und
fünf Blätter aus weißer Schokolade sowie sechs Rosen, drei Callas und fünf
Blätter aus dunkler Schokolade gemacht. Die Rosenblüten wie auf Seite 36
beschrieben mit einem Mittelblatt und vier äußeren Blütenblättern anfertigen.

2 Für die Callas ein erbsengroßes Stück Modellierschokolade zu einer dünnen, etwa 2,5 Zentimeter langen Wurst rollen. Zusätzlich ein Dreieck aus
Modellierschokolade ausschneiden und mit dem abgerundeten Modellierstäbchen an den Rändern dünner ausrollen.

3 Dieses Blütenblatt um die dünne Wurst schlagen und so die Blüte formen.
Die restliche Modellierschokolade ausrollen und mit der Reliefausstechform
die Rosenblätter ausstechen.

4 Die beiden Kuchen wie auf Seite 149 beschrieben zunächst mit weißer,
dann mit dunkler oder weißer Modellierschokolade überziehen und mittig
übereinander auf die mit dunkler Modellierschokolade überzogene Kuchenplatte setzen. Jeden Kuchen und die Kuchenplatte mit Ripsband umwickeln.

5 Zwei Spritzbeutel (siehe Seite 146) mit weißer und dunkler geschmolzener Schokolade füllen und die Spitzen abschneiden. Nun von unten her
zunächst die dunklen Schokoladenblumen mit etwas dunkler Schokolade
am unteren Kuchen fixieren. Sobald der helle Kuchen erreicht ist, darauf
auch helle Blumen mit heller Schokolade fixieren und eine besonders üppi-
ge Blumenkombination als Abschluss oben auf die Torte setzen.

Tipp

Es empfiehlt sich immer, mehr Blumen herzustellen, denn so wird Ihre Blu-
menkaskade besonders üppig. Hat die Torte mehrere Etagen, einen 2,5 Zentimeter dicken Strang Modellierschokolade von der oberen Etage bis hinun-
ter zur Kuchenplatte legen. Dieser dient als Basis zum Fixieren der Blüten.

Klassische Christrose

Die Weihnachtszeit bietet viele festliche Anlässe, die sich mit köstlichen Torten verschönern lassen. Für dieses Kapitel habe ich insgesamt drei Weihnachtstörtchen ausgewählt, wobei dieses das traditionellste Design ist. Als Kuchengrundlage habe ich hier den Dattelkuchen genommen. Aber es passt auch jede andere fruchtige Füllung dazu.

Zutaten

1 runder Kuchen mit 20 cm Durchmesser

Kleines Wellholz

50 g weiße Dekormasse

Ausstechform in Form eines Rosenblattes (2,5 cm groß)

Modellierstäbchen mit rundem Kopf

Zuckerkleber

Weißes Royal Icing

Lebensmittelfarbe in Rot und Gelb

2 Spritzbeutel

2 dünne Lochtüllen (ca. 5 mm Durchmesser)

Dünner Pinsel

Hellgrüne Lebensmittelfarbe in Pulverform

1 kg Marzipan

1,25 kg weiße Zuckermasse

Je 70 cm rotes Geschenkband (25 mm breit), grünes Geschenkband (15 mm breit) und weißes Geschenkband (6 mm breit)

75 g dunkelgrüne Dekormasse

Reliefausstechform in Form eines Stechpalmenblattes mit Adern (2,5 cm groß)

Alufolie

Reliefausstechform in Form eines Stechpalmenblattes mit Adern (2 cm groß)

Zubereitung

1 Für die drei Christrosen die weiße Dekormasse sehr dünn ausrollen und mit der Rosen-Ausstechform fünf Blütenblätter für jede Rose ausstechen. Die Blattränder mit dem abgerundeten Modellierstäbchen noch dünner formen (siehe Bild 2, Seite 62).

2 Fünf Blütenblätter kreisförmig anordnen und mit Zuckerkleber fixieren. Einen Teelöffel Royal Icing gelb färben (siehe Seite 145) und in einen Spritzbeutel füllen. »Staubblätter« in die Mitte der Blüte spritzen.

3 Die äußersten Spitzen der Blütenblätter mit dem hellgrünen Farbpulver bestreichen und trocknen lassen. Die anderen Christrosen ebenso herstellen.

4 Den runden Kuchen wie auf den Seiten 140 und 142 beschrieben mit Marzipan, dann mit Zuckermasse überziehen. Den unteren Rand des Kuchens zunächst mit dem breitesten (roten), dann mit dem mittleren (grünen) und schließlich mit dem dünnsten (weißen) Band umwickeln und alle Bänder mit Royal Icing fixieren.

5 Die grüne Dekormasse ausrollen und mit der Ausstechform sechs große Stechpalmenblätter (2,5 Zentimeter lang) für die Oberfläche des Kuchens ausstechen und auf einem zusammengeknüllten Stück Alufolie trocknen lassen, damit sie eine natürliche, leicht gewellte Form bekommen. Währenddessen 20 bis 25 kleine Stechpalmenblätter (zwei Zentimeter lang) ausstechen, in leichtem Winkel auf der Seitenfläche des Kuchens verteilen und mit weißem Royal Icing fixieren. Einen Teelöffel Royal Icing rot färben und in einen Spritzbeutel füllen. Unter jedes Stechpalmenblatt auf der Seitenfläche des Kuchens eine einzelne rote Beere spritzen. Die größeren Blätter und die Christrosenblüten auf der Oberfläche der Torte anordnen und mit Royal Icing fixieren. Zum Schluss bei jedem Blattpaar drei rote Beeren aufspritzen.

Tipp

Da Dekormasse sehr schnell trocknet, empfiehlt es sich, jede Christrose zunächst ganz fertigzustellen, bevor mit der nächsten begonnen wird.

Zuckersüße Streifen

Dieses knallbunte Streifendesign ist ein Renner in unserer Little Venice Cake Company. Hier habe ich eine zweistöckige Torte mit bunten Streifen verschiedener Breite dekoriert und außerdem noch handgefertigte Schmetterlinge daraufgesetzt, die ich schon einige Tage im Voraus hergestellt habe – ein echter Hingucker!

Zutaten

2 runde Kuchen mit 5 cm und 10 cm Durchmesser, aus einem großen Kuchenquadrat von 20 cm ausgestochen

500 g Marzipan

1,25 kg weiße Zuckermasse (davon 250 g fuchsiarot gefärbt für die Kuchenplatte)

Runde Kuchenplatte mit 15 cm Durchmesser

Lebensmittelfarbe in Fuchsiarot, Sonnengelb, Orange und Blattgrün

Markier-Anreißnadel

Kleines Wellholz

Puderzucker zum Bestäuben

Zuckerkleber

50 cm fuchsiarotes Geschenkband, 15 mm breit, für die Kuchenplatte

Für die Schmetterlinge

Transparentpapier und Wachspapier

Klebeband

Verschiedene Lebensmittelfarben

2 Lochtüllen (ca. 5 mm und ca. 9 mm Durchmesser)

Mehrere Spritzbeutel

Weißes Royal Icing

Dünner Pinsel

Zahnstocher

Zubereitung

1 Die beiden runden Kuchen wie auf den Seiten 141 und 143 beschrieben zunächst mit Marzipan, dann mit weißer Zuckermasse überziehen und mittig übereinander auf die runde, mit fuchsiaroter Zuckermasse überzogene Kuchenplatte setzen.

2 Die restliche Zuckermasse in vier gleich große Stücke teilen und diese jeweils in der gewünschten Intensität fuchsiarot, gelb, orange und grün färben. Mit der Markier-Anreißnadel rund um die Oberfläche jedes Kuchens einen Kreis als Richtlinie ziehen. Die farbige Zuckermasse auf der leicht mit Puderzucker bestäubten Arbeitsfläche dünn ausrollen und in unterschiedlich breite Streifen schneiden. Dabei nicht zu viele Streifen im Voraus schneiden, da die Masse schnell trocknet, deshalb fertige Streifen mit Klarsichtfolie abdecken.

3 Die Streifen mit Zuckerkleber rund um die beiden Kuchen so fixieren, dass zwischen den einzelnen Streifen keine Lücken entstehen. Die Enden der Streifen mit einem scharfen Messer abschneiden, sodass sie genau an der vorgezeichneten Linie enden.

4 Zum Schluss fünf handgefertigte Schmetterlinge aus Royal Icing (siehe Seite 145) auf dem Kuchen anbringen und die Kuchenplatte mit dem roten Geschenkband umwickeln. Dieses mit etwas Royal Icing fixieren.

Knut, der Eisbär

Dieser Eisbär erinnert mich an meinen Sohn George – wenn er schläft, sieht er aus wie ein kleiner Engel. Den Kuchen habe ich mit einer Decke aus weißer Zuckermasse überzogen, damit ähnelt er einem Eisberg. Und der kleine Eisbär sieht aus, als hätte er gerade ein riesiges, köstliches Weihnachtsessen verspeist.

Zutaten

1 runder Kuchen mit 15 cm Durchmesser, zusätzlich einige Kuchenstücke zum Formen der Wölbung, alles aus einem großen Kuchenquadrat von 20 cm geschnitten

Buttercreme oder Aprikosenkonfitüre

1 kg eisblaue Zuckermasse

750 g Marzipan

Runde Kuchenplatte mit 23 cm Durchmesser

1,25 m blaues Geschenkband, 15 mm breit

Kleines Wellholz

500 g weiße Zuckermasse

Weinbrand oder abgekochtes, abgekühltes Wasser

Backpinsel

Modellierstäbchen

Dünner Pinsel

Lebensmittelfarbe in Schwarz, Dunkelgrün und Rot

Reliefausstechform in Form eines Stechpalmenblattes mit Adern

Zuckerkleber

Weißes Royal Icing

Spritzbeutel

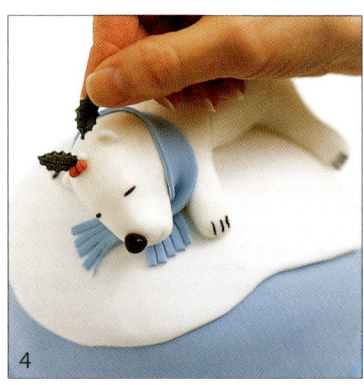

Zubereitung

1 Die Kuchenstücke mit Buttercreme oder Konfitüre fixieren. Den Kuchen mit Marzipan und blauer Zuckermasse überziehen (siehe Seite 140, 142) und auf eine große, mit blauer Zuckermasse überzogene Kuchenplatte setzen. Etwas Zuckermasse für den Schal zurückbehalten. Kuchenplatte und Kuchen mit Geschenkband umwickeln.

2 200 Gramm weiße Zuckermasse zu einer Schneedecke von etwa 15 Zentimeter Durchmesser ausrollen. Die Oberseite des Kuchens mit Weinbrand oder Wasser bestreichen und die Zuckerdecke darüberlegen.

3 Für den Eisbären etwas Zuckermasse zu einem Körper mit vier Beinen, einem Kopf, einem kleinen Schwanz und zwei Ohren formen. Die Füße mithilfe eines dünnen Pinsels mit dünnen schwarzen Krallen versehen. Etwas Zuckermasse schwarz färben und daraus die Nase und die Augen formen.

4 Etwas Zuckermasse dunkelgrün färben und zwei kleine Stechpalmenblätter ausstechen. Zwei Beeren aus roter Zuckermasse herstellen. Die restliche blaue Zuckermasse dünn ausrollen und einen Schal mit Fransen ausschneiden. Den Eisbären direkt auf der Torte mit Zuckerkleber zusammensetzen, damit er sich ihrer Form anpasst. Bevor der Kopf aufgesetzt wird, den blauen Schal in einer Schlinge um das Ende des Körpers legen. Mit Royal Icing die Stechpalmenblätter und Beeren auf dem Kopf des Bären befestigen.

Bunny-Baustein

Die Inspiration zu dieser Torte lieferten mir die von Kindern geliebten Bauklötze. Damit der Kuchen wirklich quadratisch wird, einfach drei Schichten Kuchen mit zwei Schichten Buttercreme dazwischen aufeinandersetzen und diese dann mit Marzipan und Zuckermasse überziehen. Geben Sie dem Baustein die Lieblingsfarbe Ihres Kindes!

Zutaten

1 quadratischer Kuchen, 10 cm groß, aus einem großen Kuchenquadrat von 20 cm geschnitten

600 g Marzipan

1 kg gelbe Zuckermasse

Quadratische Kuchenplatte mit 15 cm Seitenlänge

50 cm weißes Geschenkband, 9 mm breit, für den Kuchen

65 cm weißes Geschenkband, 15 mm breit, für die Kuchenplatte

Weißes Royal Icing

250 g weiße Zuckermasse für das Häschen

Modellierstäbchen

Lebensmittelfarbe in Schwarz und Rosa für Augen und Nase

Zuckerkleber

Kleines Wellholz

200 g weiße Zuckermasse für die Seitenflächen des Bausteins

Pergamentpapier oder Transparentpapier

50 g gelbe Dekormasse für die Buchstaben

Skalpell

Zubereitung

1 Den quadratischen Kuchen wie auf den Seiten 140 und 142 beschrieben zunächst mit Marzipan, dann mit gelber Zuckermasse überziehen und auf eine quadratische, mit gelber Zuckermasse überzogene Kuchenplatte setzen. Die Platte sowie den unteren Rand des Kuchens mit Geschenkband umwickeln und dieses mit etwas Royal Icing (siehe Seite 145) fixieren.

2 Für das Häschen die weiße Zuckermasse zu Körper, Kopf, Ohren, Schwanz, Backen, Augen und Zähnen formen. Für die Augen etwas Zuckermasse schwarz und für die Nase etwas Zuckermasse rosa färben. Solange die Zuckermasse noch formbar ist, das Häschen direkt auf der Torte mit Zuckerkleber zusammensetzen, sodass es sich ihrer Form anpasst.

3 Die weiße Zuckermasse für die Seitenflächen ausrollen und fünf Quadrate mit je sechs Zentimeter Seitenlänge ausschneiden. Die Quadrate mit Zuckerkleber auf den Seiten und der Oberfläche des Kuchens befestigen. Die Buchstabenvorlagen von Seite 152 auf Pergamentpapier zeichnen und ausschneiden. Die gelbe Dekormasse sehr dünn ausrollen und jeden Buchstaben mithilfe eines Skalpells ausschneiden.

4 Auf jeder Seitenfläche einen Buchstaben mit Zuckerkleber befestigen.

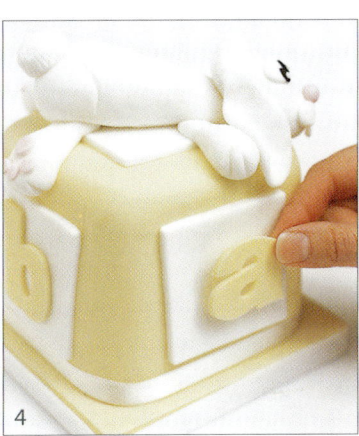

Elefant mit Punkten

Es sieht so niedlich aus, wie dieser Elefant versucht, auf die runde Torte zu klettern. Sie eignet sich wunderbar für einen Kindergeburtstag mit vielen Gästen. Natürlich können Sie auch kleine Kuchen mit Elefantenköpfen dekorieren oder eine Elefantenfamilie auf einem mehrstöckigen Kuchen verteilen.

Zutaten

1 ovaler Kuchen, 20 cm groß (in einer ovalen Kuchenform gebacken oder aus einem quadratischen Kuchen geschnitten)

800 g Marzipan

1,3 kg weiße Zuckermasse

Ovale Kuchenplatte, 27,5 cm groß

1,5 m blaues Geschenkband, 15 mm breit

Weißes Royal Icing

250 g graue Zuckermasse

Modellierstäbchen

Zuckerkleber

Lebensmittelfarbe in Schwarz und verschiedenen Blautönen

Mehrere Spritzbeutel

Dünne Lochtüllen (ca. 5 mm Durchmesser)

Kleines Wellholz

Runde Ausstechformen mit 1,5 cm, 2 cm und 3 cm Durchmesser

Zubereitung

1 Den ovalen Kuchen mit Marzipan und mit Zuckermasse überziehen (siehe Seite 140, 142) und auf die mit weißer Zuckermasse überzogene Kuchenplatte setzen. Die Kuchenplatte sowie den Kuchen mit blauem Geschenkband umwickeln und dieses mit etwas Royal Icing (siehe Seite 145) fixieren.

2 Für den Elefanten die graue Zuckermasse zu einem Körper, einem Kopf mit Rüssel, vier Beinen, zwei Ohren, Augenlidern und Rüsselspitze formen. Aus der weißen Zuckermasse Fußsohlen, Zehen, Stoßzähne und Augen formen. Solange die Masse noch formbar ist, den Elefanten direkt auf der Torte mit Zuckerkleber zusammensetzen, damit er sich ihrer Form anpasst. Etwas Royal Icing schwarz färben und mit einem Spritzbeutel Pupillen aufspritzen.

3 Die restliche Zuckermasse in drei gleich große Stücke teilen, ein Stück hellblau, das zweite dunkelblau färben und das dritte weiß lassen. Die Zuckermassen sehr dünn (etwa ein bis zwei Millimeter) ausrollen und viele Kreise in allen drei Farben ausstechen. (Manche Ausstechformen sind mit einer kleinen Feder ausgestattet, das macht das Ausstechen leichter und präziser.) Die Kreise mit Zuckerkleber überall auf der Torte befestigen.

4 Drei Spritzbeutel mit dünner Lochtülle mit Royal Icing in Hellblau, Dunkelblau und Weiß füllen und auf einige Kreise eine Spirale aufspritzen.

Nikolaus-Stern

Dieses Design ist so einfach, dass selbst Ihre Kinder mithelfen können, dieses Nikolaustörtchen zu gestalten. Alle Bestandteile werden nach Vorlage ausgeschnitten und in drei Schichten aufeinandergelegt. Die Einzelteile lassen sich gut vorbereiten, sodass der Kuchen in einer vorweihnachtlichen Aktion gemeinsam dekoriert werden kann.

Zutaten

1 runder Kuchen mit 15 cm Durchmesser

600 g Marzipan

1,5 kg weiße Zuckermasse für den Überzug für Kuchen und Kuchenplatte

Runde Kuchenplatte mit 23 cm Durchmesser

50 cm rotes Geschenkband, 15 mm breit

1 m rotes Geschenkband, 35 mm breit

350 g weiße Zuckermasse

Lebensmittelfarbe in Blau, Schwarz, Grün, Rosa, Gelb und Rot

Kleines Wellholz

Pergamentpapier oder Transparentpapier

Zuckerkleber

Modellierstäbchen

Rosa Lebensmittelfarbe in Pulverform

Dünner Pinsel

Spritzbeutel

Schwarzes Royal Icing für die Augen

Zubereitung

1 Den Kuchen wie auf den Seiten 140 und 142 beschrieben zunächst mit Marzipan, dann mit weißer Zuckermasse überziehen und auf die runde, mit weißer Zuckermasse überzogene Kuchenplatte setzen. Die Kuchenplatte mit dem schmaleren Geschenkband umwickeln, den unteren Rand des Kuchens mit dem breiteren Band umwickeln und eine doppelte Schleife binden.

2 Für die Nikolausfigur vier walnussgroße Stücke Zuckermasse jeweils hellblau, schwarz und grün färben und ein Stück weiß lassen. Ein haselnussgroßes Stück hellrosa, ein erbsengroßes Stück gelb und die restliche Zuckermasse rot färben.

3 Zunächst die rote Zuckermasse vier Millimeter dick ausrollen und mithilfe der Vorlage von Seite 157 einen Stern abzeichnen und ausschneiden. Den Stern entweder gleich mit Royal Icing (siehe Seite 145) auf der Torte fixieren oder auf einer mit reichlich Puderzucker bestäubten Ablage trocknen lassen und später mit Royal Icing aufkleben. Für die zweite Schicht der Nikolausfigur die entsprechenden Zuckermassen für Handschuhe, Stiefel, Gürtel, Baum, Hutkrempe, Gesicht und Vollbart ausrollen und die Teile den Vorlagen entsprechend ausschneiden und mit Zuckerkleber auf den Stern kleben. Die dritte Schicht – Schnurrbart, Nase und Bommel für den Hut – ausschneiden und aufkleben. Die Backen mit rosa Farbpulver bepinseln. Mit schwarzem Royal Icing zwei Augen aufspritzen.

Köstliche Kuchen

Köstliche Kuchen

In diesem Kapitel habe ich eine Reihe Kuchenrezepte zusammengestellt, die – so wie sie sind – hervorragend zu einem gemütlichen Kaffeeklatsch am Samstagnachmittag passen. Doch natürlich kann man sie auch mit Marzipan und Zuckermasse oder Schokolade überziehen und – wie in den beiden vorherigen Kapiteln beschrieben – wunderschön verzieren. Ob reichhaltiger, dunkler Schokokuchen oder lieber leichter sommerlicher Limetten-Kokos-Cake – für jeden Geschmack ist etwas dabei. Bei den meisten Rezepten dieses Buches habe ich meine persönliche Vorliebe für die Kuchengrundlage angegeben, doch die Auswahl lässt sich natürlich beliebig und je nach eigenem Wunsch oder Anlass erweitern.

Limetten-Kokos-Cake

Dieser Kuchen schmeckt herrlich frisch und kombiniert abgeriebene Schale frischer Limetten mit cremiger Kokosmilch. Diese Schnitten servieren Sie zum Nachmittagskaffee. Im Ganzen eignet sich der Kuchen aber auch als Grundlage für ein- oder mehrstöckige, verzierte Torten oder kleine Partytörtchen.

Für den Kuchen

200 g weiche Butter

200 g brauner Rohr-Rohzucker

200 g Mehl

½ Päckchen Backpulver

4 Eier aus Freilandhaltung, leicht verschlagen

2 EL Milch

200 g Creamed Coconut (zu festen Blöcken gepresstes Kokosnussfleisch, in Asia-Läden erhältlich)

Für die Buttercreme

Saft und Schale von 2 unbehandelten Limetten

100 g weiche Butter

140 g Puderzucker

50 g getrocknete, geröstete Kokosflocken zum Bestreuen

Zubereitung

1 Den Backofen auf 190 °C (Umluft 170 °C) vorheizen. Zwei Kastenformen von 20 Zentimeter Länge einfetten und mit Backpapier auslegen. Creamed Coconut in kleine Stückchen schneiden und die Hälfte davon beiseitestellen.

2 Alle Zutaten für den Kuchen zusammen mit der Hälfte der Creamed Coconut in eine Schüssel geben und zu einem glatten Teig verrühren.

3 Den Teig in beide Kastenformen füllen, die Oberfläche glatt streichen und 20–25 Minuten backen, bis der Kuchen goldbraun und aufgegangen ist.

4 Für die Buttercreme die restliche Creamed Coconut mit Limettensaft und -schale vermischen. Die Mischung in der Mikrowelle oder über einem Topf mit leicht kochendem Wasser erwärmen, bis die Creamed Coconut geschmolzen ist. Abkühlen lassen. Die Butter mit dem Handrührgerät verrühren, bis sie weich und cremig ist, den Puderzucker zufügen und zunächst bei kleiner, dann auf höchster Stufe rühren, bis die Mischung locker und luftig ist. Die abgekühlte Kokos-Limetten-Mischung einrühren und alles so lange vermengen, bis eine homogene, lockere Creme entstanden ist.

5 Beide Kuchen aus den Formen stürzen und quer halbieren. Je eine Hälfte mit Buttercreme bestreichen, die obere Hälfte wieder aufsetzen und die restliche Creme auf den Ober- und Seitenflächen der Kuchen verstreichen. Zum Schluss die gerösteten Kokosflocken aufstreuen.

Haltbarkeit

Die Schnitten halten sich luftdicht verschlossen bis zu 2 Tage. Sie eignen sich nicht zum Einfrieren.

Tipp

Für kleinere Kuchen einfach zwei quadratische Kuchen backen. Beide quer halbieren und mit einer dünnen Schicht Buttercreme füllen.

Vanilletorte mit Himbeeren

Diese Vanilletorte schmeckt besonders gut mit frischen Himbeeren und Mascarpone. Natürlich kann man auch andere frische Beeren verwenden. Der Kuchen selbst eignet sich als Grundlage für jede verzierte Torte aus den vorherigen Kapiteln – besonders die Fondant-Torten –, wenn man die Füllung durch Buttercreme mit Bourbonvanille ersetzt.

Für den Kuchen

225 g weiche Butter

225 g brauner Rohr-Rohzucker

1 EL Vanillepaste
(siehe Tipp Seite 86)

4 große Eier aus Freilandhaltung, leicht verschlagen

225 g Mehl

½ Päckchen Backpulver

3 EL Milch

Für Füllung und Dekoration

40 g Puderzucker

8 EL Mascarpone

200 g frische Himbeeren

Zubereitung

1 Den Backofen auf 170 °C (Umluft 150 °C) vorheizen. Zwei Kastenformen von 20 Zentimeter Länge einfetten und mit Backpapier auslegen. Die Seitenwände leicht mit Mehl bestäuben.

2 Mit dem Handrührgerät Butter und Zucker verrühren, bis die Mischung leicht und cremig ist. Die Vanillepaste einrühren. Nach und nach die Eier zufügen und gut verrühren. Wenn die Mischung zerfällt oder gerinnt, einfach einen Esslöffel Mehl zugeben.

3 Das restliche Mehl und das Backpulver abwechselnd mit so viel Milch zugeben, dass der Teig reißend vom Löffel fällt.

4 Den Teig löffelweise in die vorbereiteten Backformen geben, glatt streichen und im Ofen 25–30 Minuten backen, bis die Kuchen aufgegangen sind. Sie sind fertig gebacken, wenn an einem Messer, das in die Mitte des Kuchens gesteckt wird, beim Herausziehen keine Teigreste hängen bleiben. Die Kuchen leicht abkühlen lassen, dann auf ein Kuchengitter stürzen.

5 Puderzucker und Mascarpone verrühren und die Hälfte der Füllung auf dem unteren Kuchen verstreichen. Die Hälfte der Himbeeren aufstreuen. Den zweiten Kuchen daraufsetzen, mit der restlichen Creme bestreichen und mit den übrigen Himbeeren bestreuen. Luftdicht verschlossen hält sich der Kuchen ohne Füllung und Früchte bis zu 4 Tage, eingefroren bis zu einem Monat. Einmal gefüllt, sollte er innerhalb von 24 Stunden verzehrt werden.

Alternative Füllung

75 g weiche Butter

150 g Puderzucker

2 TL Vanilleextrakt
(siehe Tipp Seite 86)

Buttercreme mit Bourbonvanille

Die Butter mit dem Handrührgerät 2 Minuten rühren, bis sie hell und schaumig ist. Puderzucker zugeben und langsam einrühren, bis er sich ganz gelöst hat, dann die Mischung auf höchster Stufe weiterrühren, bis sie luftig und locker ist. Den Vanilleextrakt einrühren. Im Kühlschrank hält sich die Creme eine Woche. Vor der Weiterverarbeitung auf Raumtemperatur erwärmen.

Bananen-Karamell-Kuchen

Die Kombination aus cremigem Sahnekaramell und reifen, gebackenen Bananen passt perfekt zu einer gemütlichen Teestunde an kalten Nachmittagen. Der Sahnekaramell wird erst unmittelbar nach dem Backen zugegeben, sodass der fertige Kuchen wunderbar saftig wird und sich auch problemlos mit Marzipan und Zuckermasse überziehen und als Törtchen dekorieren lässt.

Zutaten

150 g Butter

300 g Mehl

½ Päckchen Backpulver

150 g brauner Rohr-Rohzucker

50 g Sultaninen

50 g gehackte Walnüsse

450 g Bananen, zerdrückt

2 Eier aus Freilandhaltung

2 TL Vanilleextrakt (siehe Tipp Seite 86)

Für den Sahnekaramell

50 g Muskovado-Zucker

35 g Butter

2 EL Crème double

Zubereitung

1 Den Backofen auf 180 °C (Umluft 160 °C) vorheizen. Eine Springform mit 20 Zentimeter Durchmesser einfetten und mit Backpapier auslegen.

2 Butter und mit Backpulver gemischtes Mehl mit der Hand verkneten, bis eine krümelige Mischung entstanden ist. Zucker, Sultaninen und gehackte Walnüsse zugeben. Die zerdrückten Bananen mit den Eiern zu einer cremigen Masse verrühren und zusammen mit dem Vanilleextrakt behutsam in die Mehlmischung einrühren.

3 Den Teig in die vorbereitete Form füllen und 75 Minuten backen, bis der Kuchen aufgegangen ist.

4 Etwa 10 Minuten vor Ende der Backzeit die Zutaten für den Sahnekaramell in einen kleinen Topf geben und langsam erhitzen, bis sich der Zucker völlig gelöst hat und Blasen wirft. Sobald der Kuchen aus dem Ofen kommt, diesen mit einem dünnen Holzspieß mehrmals einstechen, dann den noch heißen Sahnekaramell darübergießen. In der Form abkühlen lassen.

Tipp

Um kleine Törtchen zu erhalten, muss dieser Kuchen zunächst quer halbiert werden. Erst dann können runde Kuchen ausgestochen oder Kuchenwürfel ausgeschnitten werden.

Dattelkuchen

Als wir die Kuchen für dieses Kapitel zubereitet haben, entwickelte sich der Dattelkuchen schnell zum Favoriten meines Redaktionsteams. Er ist saftig, süß und aromatisch. Da dieser Kuchen nicht gefüllt wird, eignet er sich perfekt zum Überziehen und Verzieren, wie in den ersten Kapiteln beschrieben. Auch als Grundlage für mehrstöckige Torten ist er ideal.

Zutaten

200 g Datteln, entsteint

200 g Butter, in Stücke geschnitten

300 g dunkler Muskovado-Zucker

2 Eier aus Freilandhaltung

50 g Ingwer, gehackt

Abgeriebene Schale von 1 unbehandelten Zitrone

1 TL Vanilleextrakt (siehe Tipp Seite 86)

250 g säuerliche Äpfel, geschält und gerieben

200 g Mehl

½ Päckchen Backpulver

Puderzucker zum Bestäuben

Zubereitung

1 Den Backofen auf 160 °C (Umluft 140 °C) vorheizen. Eine Gugelhupfform von 20 Zentimeter Durchmesser einfetten.

2 Die Datteln in eine Schüssel geben und mit kochendem Wasser bedecken. Butter und Zucker in einem kleinen Topf erhitzen, verrühren und leicht abkühlen lassen.

3 Eier, Ingwer, Zitronenschale und Vanilleextrakt in die Buttermischung einrühren. Die Datteln abgießen, fein hacken und zur Buttermischung geben.

4 Äpfel und mit Backpulver gemischtes Mehl unterrühren, dann den Teig löffelweise in die vorbereitete Form füllen und im Ofen etwa 75 Minuten backen, bis der Kuchen aufgegangen ist. Er ist fertig, wenn an einem Holzstäbchen, das man hineinsteckt, beim Herausziehen keine Teigreste mehr hängen bleiben. In der Form abkühlen lassen.

5 Zum Servieren den Dattelkuchen mit Puderzucker bestäuben.

Tipp

Vanilleextrakt ist ein flüssiger, alkoholhaltiger Auszug von Vanille. Reiner Vanilleextrakt wird aus echten Vanilleschoten extrahiert und enthält die Aromen der Vanille in konzentrierter Form. Er ist im Reformhaus erhältlich oder kann über das Internet bestellt werden. Alternativ können Sie auch Vanillemark, Vanillesirup (möglichst ungezuckert) oder Vanillearoma verwenden.

Vanillepaste ist ein süßer, konzentrierter Vanilleextrakt und enthält Vanillebohnensamen. Er wird dort verwendet, wo der Teig nicht verflüssigt werden soll. Ersatzweise können Sie die zuvor genannten Alternativen verwenden.

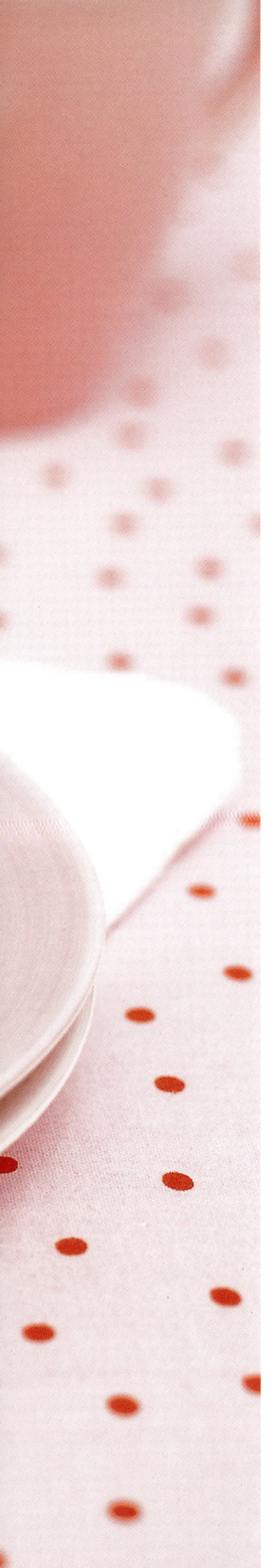

Kirsch-Mandel-Kuchen

Dieser Kuchen ist herrlich saftig mit frischen, entsteinten Kirschen und einem Belag aus süßen Streuseln. Verwenden Sie hierfür nur frische und möglichst ganz reife Kirschen. Der fertige Kuchen ist ziemlich flach, sodass er sich ideal zum Ausstechen oder Ausschneiden kleiner Törtchen für eine sommerliche Party eignet. Dazu muss man eigentlich nicht viel servieren – ein Löffelchen Crème fraîche reicht völlig aus. Da der Kuchen frische Früchte enthält, eignet er sich nicht so gut für einen Überzug aus Marzipan und Zuckermasse.

Für den Kuchen
140 g Mehl
1 TL Backpulver
50 g brauner Rohr-Rohzucker
1 großes Ei aus Freilandhaltung
4 EL Milch
85 g Butter, zerlassen
1 TL Mandelaroma
350 g saftige, reife Kirschen
Puderzucker zum Bestäuben

Für die Streusel
25 g Butter, zimmerwarm
25 g gemahlene Mandeln
25 g brauner Rohr-Rohzucker
½ TL Mandelaroma

Zubereitung

1 Den Backofen auf 180 °C (Umluft 160 °C) vorheizen und eine Springform von 20 Zentimeter Durchmesser einfetten und mit Backpapier auslegen. Mehl und Zucker in einer Schüssel vermengen, in die Mitte eine Mulde drücken und Eier, Milch, zerlassene Butter und Mandelaroma hineingeben. Alles mit dem Handrührgerät verrühren, bis ein homogener Teig entsteht. Den fertigen Teig in die vorbereitete Form füllen und glatt streichen.

2 Von den Kirschen die Stiele entfernen, die Früchte entsteinen und halbieren, über den Teig streuen und leicht eindrücken.

3 Für die Streusel alle Zutaten in eine saubere Schüssel geben, die Butter mit den Fingern einkneten, sodass feine Streusel entstehen. Diese über die Kirschen auf dem Kuchen streuen.

4 Den Kuchen 30–35 Minuten backen. Mit einem Holzstäbchen die Garprobe machen.

5 Den Kuchen etwas abkühlen lassen, dann aus der Form nehmen und auf einem Backgitter ganz erkalten lassen.

6 Vor dem Servieren den Kuchen mit reichlich Puderzucker bestäuben.

Tipp

Die Kirschen können je nach Saison durch andere reife Früchte ersetzt werden: Pflaumen oder Aprikosen eignen sich besonders gut. Die Früchte jeweils entsteinen, vierteln und über den Teig streuen. Den Kuchen am besten ganz frisch verzehren oder vorher kurz im Kühlschrank aufbewahren.

Schoko-Mandel-Kuchen

Dies ist ein reichhaltiger Schokoladenkuchen ohne Mehl. Die gemahlenen Mandeln geben ihm eine nussige Note und sorgen dafür, dass er nicht zerfällt und sich gut schneiden lässt. Er bleibt auch nach dem Backen sehr flach, wodurch er sich ideal zum Ausschneiden oder Ausstechen kleiner Törtchen eignet.

Zutaten

100 g Butter, in Würfel geschnitten, zusätzlich etwas Butter zum Einfetten

Mehl zum Bestäuben

140 g Schokolade (70 % Kakaoanteil), in Stücke gebrochen

6 große Eier aus Freilandhaltung, getrennt

140 g gemahlene Mandeln

1 TL Mandelaroma

85 g brauner Rohr-Rohzucker

Kakaopulver und Crème fraîche zum Servieren

Zubereitung

1 Den Backofen auf 170 °C (Umluft 150 °C) vorheizen. Eine Springform von 23 Zentimeter Durchmesser einfetten und den Boden mit Backpapier auslegen. Die Seiten der Form mit etwas Mehl bestäuben.

2 Butter und Schokolade zusammen in einem kleinen Topf über leicht kochendem Wasser schmelzen, dabei gelegentlich umrühren, sodass eine cremige Mischung entsteht. Diese 5 Minuten abkühlen lassen.

3 Eigelbe, gemahlene Mandeln und Mandelaroma einrühren.

4 Die Eiweiße in einer sauberen Schüssel schlagen, dabei löffelweise den Zucker einrieseln lassen und das Eiweiß weiter zu steifem Schnee schlagen.

5 Zwei Esslöffel Eischnee in die Schokoladenmasse rühren, dann den restlichen Eischnee vorsichtig unterheben.

6 Den Teig in die vorbereitete Form füllen und 30–35 Minuten backen, bis der Kuchen etwas aufgegangen ist und sich fest anfühlt. Den fertigen Kuchen mit Kakaopulver bestäuben und mit etwas Crème fraîche servieren.

Haltbarkeit

Luftdicht verschlossen hält sich der Kuchen bis zu 4 Tage, eingefroren etwa einen Monat.

Tipp

Statt Mandelaroma kann auch Mandelextrakt oder Mandelsirup verwendet werden, die noch etwas intensiver im Geschmack, allerdings leider auch schwerer erhältlich sind.

Espressowürfel

Diese Happen eignen sich perfekt für einen gemütlichen Brunch mit vielen Gästen. Als Grundlage habe ich den Schoko-Mandel-Kuchen verwendet, da er ziemlich flach ist und intensiv nach Schokolade schmeckt. Die Buttercreme ist mit frisch gebrühtem Espressokaffee aromatisiert, und als Dekoration wirken mit Schokolade überzogene Espressobohnen wunderschön.

Zutaten für 25 Happen

1 Kuchenquadrat von 20 cm Länge

Spritzbeutel

Große Sterntülle

Kakaopulver

50 mit Schokolade überzogene Espressobohnen

Espresso-Buttercreme

Espresso aus 100 g frisch gemahlenem Espressokaffee und 200 ml frischem, kochendem Wasser

250 g weiche Butter

500 g Puderzucker, gesiebt

Zubereitung

1 Den großen quadratischen Kuchen viermal längs und fünfmal quer in 25 Stücke schneiden.

2 Für die Buttercreme zunächst den Espresso in einer Pressstempelkanne zubereiten und etwas abkühlen lassen. Die Butter mit dem Handrührgerät rühren, bis sie hell und schaumig ist, den Puderzucker zugeben und zunächst auf kleiner Stufe, dann drei Minuten auf höchster Stufe unterrühren. Nach und nach den Espresso zugeben, bis die gewünschte Geschmacksintensität erreicht ist.

3 Den Spritzbeutel mit Espresso-Buttercreme füllen und auf jeden Kuchen ein wellenförmiges Muster spritzen. Etwas Kakaopulver über die Kuchen sieben und zum Schluss je zwei Schoko-Espressobohnen daraufsetzen.

Tipp

Dieses Rezept funktioniert natürlich ebenso gut mit dem Limetten-Kokos-Cake (siehe Seite 80) mit Kokosnuss-Buttercreme oder aber der Vanilletorte mit Vanillebuttercreme. Für eine große Party einfach alle drei Variationen zubereiten und zusammen servieren.

Mokka-Pekannuss-Torte

Diese Torte ist eine perfekte Kombination aus zarter Schokolade, frischem Espresso und gerösteten Pekannüssen. Auf eine Kaffeetafel, liebevoll für Familie und Freunde angerichtet, passt sie ebenso gut wie als Grundlage für jede der in diesem Buch beschriebenen verzierten Törtchen, besonders die spektakulären mehrstöckigen Torten, ob sie nun mit Zuckermasse, Fondant oder Schokolade überzogen werden.

Zutaten

150 g dunkle Schokolade

4 EL starker Espresso

175 g weiche Butter

175 g brauner Rohr-Rohzucker

5 große Eier aus Freilandhaltung, leicht verschlagen

100 g fein gehackte Pekannüsse

100 g Mehl

2 TL Backpulver

Für Füllung und Dekoration

100 g dunkle Schokolade

50 g Butter

3 TL Espresso (aus 3 EL frisch gemahlenem Espressokaffee mit 200 ml sprudelnd kochendem Wasser aufgebrüht)

4 EL Crème double

50 g Puderzucker

50 g Pekannüsse, geröstet und grob gehackt

Zubereitung

1 Den Backofen auf 180 °C (Umluft 160 °C) vorheizen. Eine Springform von 20 Zentimeter Durchmesser einfetten und mit Backpapier auslegen.

2 Die Schokolade mit dem Espresso in einem Topf über leicht kochendem Wasser schmelzen und glatt rühren. Etwas abkühlen lassen.

3 Butter und Zucker mit dem Handrührgerät zu einer hellen, lockeren Mischung verrühren. Nach und nach die Eier unterrühren. Sollte die Mischung zerfallen oder gerinnen, ist dies kein Problem, es schadet dem fertigen Kuchen nicht.

4 Die Schokoladenmischung und die Pekannüsse zugeben und alles verrühren.

5 Mehl und Backpulver in eine andere Schüssel sieben, dann vorsichtig unter die Schokomasse heben.

6 Den Teig in die Form füllen und 45–55 Minuten backen, bis sich der Kuchen fest anfühlt. Den fertigen Kuchen zunächst leicht abkühlen lassen, dann auf ein Backgitter setzen und dort völlig erkalten lassen. 10 Minuten vor Ende der Backzeit die Pekannüsse auf ein Backblech geben und zum Rösten ebenfalls in den Ofen schieben. Vor dem Hacken abkühlen lassen.

Für die Füllung

1 Schokolade, Butter, Espresso und Crème double in einem kleinen Topf vorsichtig erhitzen, bis alle Zutaten geschmolzen sind. Die Mischung vom Herd nehmen und den Puderzucker einrühren. Die Füllung abkühlen lassen, dann 1–2 Stunden in den Kühlschrank stellen, damit sie streichfest wird.

2 Den Kuchen quer halbieren, die Hälfte der Füllung auf der unteren Hälfte verstreichen und die Hälfte der gerösteten Pekannüsse darüberstreuen. Die obere Kuchenhälfte aufsetzen, mit der restlichen Füllung bestreichen und die übrigen Nüsse aufstreuen.

Leichte Desserts

Leichte Desserts

Diese verschiedenen Köstlichkeiten zuzubereiten, anzurichten und zu probieren hat mir besonders viel Spaß bereitet. Die Bandbreite reicht vom frischen Käsekuchen über sahnige Rouladen bis hin zu verführerischen Baiserkreationen. Alle eignen sich perfekt als krönender Abschluss einer großen Party oder für eine gemütliche Teestunde. Diese luftig-leichten Desserts schmecken nicht nur fantastisch, sie sind zudem ein absoluter Hingucker – und lassen sich wesentlich schneller zubereiten als die vorne beschriebenen, aufwendig dekorierten und verzierten Partytörtchen.

Käsekuchen mit Mango und Ingwer

Dies ist eines meiner Lieblingsrezepte – und auch von meinen Gästen. Außerdem gelingt der Kuchen immer, denn er kommt dank Frischkäse und Sahne ganz ohne Backpulver und Bindemittel aus. Die Kombination aus Ingwer und frischem Mangopüree ist einfach unwiderstehlich.

Für 8–10 kleine Backformen oder eine Springform von 20 cm Durchmesser

Zutaten
100 g Butter
200 g Butterkekse, zerbröckelt
300 g Frischkäse
150 g brauner Rohr-Rohzucker
2 Tropfen Vanilleextrakt (siehe Tipp Seite 86)
400 ml Sahne
200 g frische Mango
2 Stücke eingelegter Ingwer, gehackt
2 EL Ingwersirup

Zubereitung

1 Die Butter in einem Topf schmelzen und die zerbröckelten Kekse einrühren. Die Mischung auf dem Boden einer Springform oder in den kleinen Backformen festdrücken und 1 Stunde in den Kühlschrank stellen, bis sie fest ist.

2 Frischkäse, Zucker und Vanilleextrakt zu einer cremigen Mischung verrühren. Sahne zugeben und alles mit dem Handrührgerät rühren, bis die Sahne leicht steif ist. Nicht zu lange schlagen, da die Creme sonst zerfällt.

3 Die frische Mango im Mixer pürieren. Vier Esslöffel Mangopüree und den gehackten Ingwer in die Frischkäsemischung einrühren.

4 Die Frischkäsemischung auf den Keksboden geben, glatt streichen und über Nacht kalt stellen.

Zum Servieren

Den Ingwersirup mit dem restlichen Mangopüree verrühren und als Sauce zum Kuchen servieren.

Tipp

In Sirup eingelegten Ingwer bekommen Sie in Gläsern oder kleinen Dosen im Asia-Laden oder im Feinkostgeschäft.

Schoko-Käsekuchen

Ein Kuchengenuss für erwachsene Schokoladenfans. Für eine familienfreundlichere Version einfach den Kahlua-Likör weglassen. Der Kuchen kann gut einen Tag im Voraus zubereitet werden. Den Belag erst kurz vor dem Servieren hinzufügen.

Für den Kuchen

50 g Butter

200 g einfache Schokoladenkekse, zerbröckelt

50 g Amarettini-Kekse,
zerbröckelt

Für die Füllung

225 g dunkle Schokolade
(mindestens 55 % Kakaoan-
teil), in Stücke gebrochen

400 g Frischkäse (Vollfettstufe), zimmerwarm

100 g brauner Rohr-Rohzucker

4 mittelgroße Eier aus
Freilandhaltung

285 ml Crème double

5 EL Kahlua-Likör (optional)

Für den Belag

200 ml Crème fraîche

2 EL Kahlua-Likör (optional)

Kakaopulver zum Bestäuben

50 g Amarettini-Kekse,
zerbröckelt

Zubereitung

1 Die Butter in einem Topf schmelzen und die zerbröckelten Kekse ein-rühren. Die Mischung auf dem Boden einer Springform von 20 Zentimeter Durchmesser festdrücken und 1 Stunde in den Kühlschrank stellen.

2 Für die Füllung die Schokolade in einer Schüssel über einem Topf mit leicht kochendem Wasser schmelzen und etwas abkühlen lassen. Den Backofen auf 160 °C (Umluft 140 °C) vorheizen.

3 Frischkäse und Zucker zu einer cremigen Mischung verrühren. Nach und nach die Eier zugeben und kurz einrühren. Flüssige Schokolade, Crème dou-ble und Kahlua-Likör zufügen und alles langsam zu einer homogenen Masse verrühren. Die Frischkäsemasse auf den Keksboden geben, verstreichen und 1 Stunde backen, bis sie fest ist. Mit einem Messer an der Innenseite der Form entlangfahren, um den Kuchen zu lösen, und diesen über Nacht kalt stellen.

Zum Servieren

1 Crème fraîche und Kahlua-Likör verrühren, auf dem Kuchen verstreichen.

2 Etwas Kakaopulver über den Kuchen stäuben und die zerbröckelten Amarettini-Kekse darüberstreuen.

Käsekuchen mit Schwarzen Johannisbeeren

Dies ist ein traditioneller amerikanischer Käsekuchen – frisch, leicht säuerlich und cremig zugleich. Ich serviere dazu ein Kompott aus Schwarzen Johannisbeeren. Der Kuchen eignet sich wunderbar als Dessert für eine Dinnerparty.

Für den Boden

85 g Butter, zusätzlich etwas Butter zum Einfetten

140 g Butterkekse, zerbröckelt

Für die Käsekuchenmasse

900 g Frischkäse (Vollfettstufe)

250 g brauner Rohr-Rohzucker

3 EL Mehl

1½ TL Vanilleextrakt (siehe Tipp Seite 86)

Abgeriebene Schale von 1 unbehandelten Zitrone

1½ TL Zitronensaft

3 große Eier aus Freilandhaltung, zusätzlich 1 Eigelb

285 ml Sauerrahm

Für den Belag

140 ml Sauerrahm

1 EL brauner Rohr-Rohzucker

2 TL Zitronensaft

600 g Schwarze Johannisbeeren

85 g Zucker

Zubereitung

1 Den Backofen auf 180 °C (Umluft 160 °C) vorheizen. Den Boden einer Springform mit 23 Zentimeter Durchmesser mit Backpapier auslegen. Die Butter in einem Topf schmelzen und die zerbröckelten Kekse einrühren. Die Mischung auf dem Boden der Springform festdrücken, 10 Minuten backen und auf einem Backgitter abkühlen lassen.

2 Die Temperatur auf 240 °C (Umluft 200 °C) erhöhen. Den Frischkäse in einer großen Schüssel cremig rühren, Zucker und Mehl nach und nach einrühren. Vanilleextrakt, Zitronensaft und -schale zugeben und alles 2 Minuten verrühren. Nach und nach die Eier sowie das Eigelb einrühren. 200 Milliliter der Frischkäsemischung mit dem Sauerrahm zu einer cremigen, lockeren Mischung verrühren, den Rest beiseitestellen.

3 Backform auf ein Backblech setzen und die Seiten mit zerlassener Butter einstreichen. Den Frischkäseteig einfüllen und 10 Minuten backen. Dann die Temperatur im Backofen auf 110 °C (Umluft 90 °C) reduzieren und weitere 25 Minuten backen. Den Backofen ausschalten und die Ofentür öffnen. Den Kuchen im Ofen 2 Stunden abkühlen lassen. Er kann kleine Risse bekommen.

4 Für den Belag die restliche Frischkäsemischung mit Sauerrahm, Zucker und Zitronensaft verrühren und die Masse gleichmäßig auf der gesamten Oberfläche des Kuchens verstreichen. Den Kuchen in der Form locker mit Folie abdecken und mindestens 8 Stunden oder über Nacht kalt stellen.

5 Johannisbeeren von den Stielen zupfen, waschen und mit dem Zucker und etwas Wasser aufkochen. Temperatur reduzieren und die Mischung 15–20 Minuten leicht kochen lassen, bis die Beeren zerfallen sind. Das Kompott vom Herd nehmen und über Nacht kalt stellen.

Servieren

Mit einem Messer an der Innenseite der Form den Kuchen lösen, auf eine Kuchenplatte setzen und mit Johannisbeerkompott garnieren.

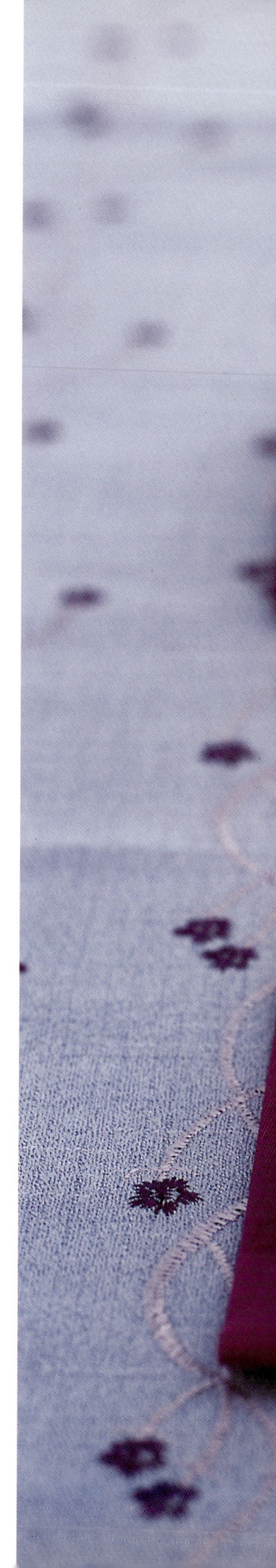

Schokoladen-Erdbeer-Torte

Schokolade und Erdbeeren passen perfekt zusammen. Dieses Törtchen ist das Highlight jeder Kaffeetafel. Schichten aus Schokoladentrüffeln wechseln sich mit frischer Sahne und fruchtigen Erdbeeren ab. Der fertige Kuchen wird zunächst mit Schokoladen-Buttercreme bestrichen und zum Schluss großzügig mit Schokoglasur überzogen.

Ergibt 12 Stück

Für den Kuchen

200 g dunkle Schokolade (70 % Kakaoanteil), in Stücke gebrochen

250 g Butter

350 g brauner Zucker

5 mittelgroße Eier aus Freilandhaltung, verschlagen

1½ TL Vanilleextrakt (siehe Tipp Seite 86)

135 g Mehl, gesiebt

Für die Füllung

200 g frische Erdbeeren

285 ml Crème double

Für den Überzug

1 Rezeptmenge Buttercreme mit Schokoladen-Ganache (siehe Seite 139)

500 g dunkle Schokolade (70 % Kakaoanteil), in Stücke gebrochen

250 g Butter, klein gewürfelt

125 ml Crème double

100 g dunkle Schokoladenlocken (siehe Seite 147)

Zubereitung

1 Alle Zutaten auf Raumtemperatur erwärmen. Backofen auf 160 °C (Umluft 140 °C) vorheizen. Die Schokolade vorsichtig in der Mikrowelle oder in einem Topf über leicht kochendem Wasser schmelzen und etwas abkühlen lassen. Eine Springform mit 20 Zentimeter Durchmesser einfetten und mit Backpapier auslegen. Butter und Zucker zu einer hellen, schaumigen Masse verrühren und nach und nach die verschlagenen Eier einrühren.

2 Die abgekühlte flüssige Schokolade unter ständigem Rühren in die Buttermischung gießen. Den Vanilleextrakt einrühren und das Mehl unterheben.

3 Den Teig in die Form füllen und 1 Stunde backen, bis der Kuchen leicht fest ist. Er sollte sich immer noch bewegen, wenn man leicht an der Form rüttelt. Den Kuchen abkühlen lassen und auf ein Kuchengitter setzen. Die Oberfläche bekommt leichte Risse und sinkt in der Mitte etwas ein.

4 Zum Füllen den Kuchen vorsichtig quer halbieren. Die frischen Erdbeeren in dünne Scheiben schneiden und auf der unteren Hälfte des Kuchens verteilen. Die Crème double mit dem Handrührgerät etwas verrühren und auf den Erdbeeren verstreichen. Die obere Kuchenhälfte auf die Füllung setzen und den Kuchen auf ein Kuchengitter setzen. Backpapier unterlegen.

5 Die Buttercreme mit Schokoladenganache (siehe Seite 139) zubereiten und mit einem Tortenmesser auf Ober- und Seitenflächen des Kuchens auftragen, dabei alle Unebenheiten ausfüllen, sodass sich glatte, ebene Flächen ergeben. 30 Minuten kühl stellen, damit die Buttercreme fest wird.

6 Für die Schokoladenglasur Schokolade und Butter in eine Schüssel geben. Die Crème double in einem kleinen Topf zum Kochen bringen und in die Schüssel gießen. Alles mit einem Holzlöffel verrühren, bis Schokolade und Butter geschmolzen sind und eine homogene Glasur entstanden ist. Die noch warme Glasur großzügig über den Kuchen gießen und mithilfe eines Tortenmessers oder der Rückseite eines Esslöffels verstreichen. Das Kuchengitter leicht mit beiden Händen anheben und wieder auf die Arbeitsfläche fallen lassen, damit sich die Glasur überall gleichmäßig verteilt. Zum Schluss den Kuchen mit Schokoladenlocken bestreuen.

Schokoladen-Orangen-Roulade

Die Kombination aus Schokolade und Orangen ist ein Geschmackserlebnis. Diese Roulade kann gut im Voraus zubereitet und erst kurz vor dem Servieren gefüllt werden. Dabei sollte die Orangencreme gut gekühlt sein, damit die gefüllte Roulade die gewünschte Form behält.

Für die Roulade

50 g Mehl

1 TL Backpulver

25 g Kakaopulver

50 g gemahlene Mandeln

5 große Eier aus Freilandhaltung

100 g brauner Rohr-Rohzucker, zusätzlich etwas Zucker zum Einrollen der Roulade

Abgeriebene Schale von 2 unbehandelten Orangen

Für die Füllung

500 g Mascarpone

50 g Puderzucker

Abgeriebene Schale von 2 unbehandelten Orangen

2 EL Orangensaft

Für die Glasur

200 g dunkle Schokolade, in Stücke gebrochen

175 g weiche Butter

50 g Puderzucker

Zubereitung

1 Backofen auf 190 °C (Umluft 170 °C) vorheizen. Ein Backblech (30 x 40 Zentimeter) mit hohem Rand einfetten und mit Backpapier auslegen.

2 Mehl, Backpulver und Kakaopulver in eine Schüssel sieben und die gemahlenen Mandeln einrühren. In einer großen Schüssel Eier und Zucker 5–10 Minuten mit dem Handrührer zu einer hellen, cremigen Masse verrühren. Die Masse sollte ihr Volumen etwa verdreifachen, und die Rührstäbe sollten beim Herausnehmen sichtbare Spuren hinterlassen. Die trockenen Zutaten sowie die Orangenschale mit einem großen Metalllöffel in die Eimischung einrühren.

3 Den Teig auf das vorbereitete Backblech gießen, dabei darauf achten, dass alle Ecken gleichmäßig ausgefüllt sind, und 12–15 Minuten backen, bis sich der Kuchen fest anfühlt. Währenddessen ein sauberes Küchenhandtuch in kaltes Wasser legen und auswringen. Das Handtuch auf der sauberen Arbeitsfläche ausbreiten und ein Stück Backpapier darüberlegen. Etwas Zucker auf das Backpapier streuen.

4 Die fertig gebackene Kuchenplatte aus dem Backofen nehmen, 1 Minute abkühlen lassen und vorsichtig mit der Oberseite nach unten so auf das vorbereitete Backpapier legen, dass die kurze Seite parallel zur Tischkante liegt. Das oben liegende Backpapier streifenweise abziehen. Nun die Kuchenplatte vorsichtig einrollen, dabei das unten liegende Backpapier mit einrollen, das feuchte Handtuch aber immer außen halten. Den eingerollten Kuchen beiseitestellen, bis er ganz abgekühlt ist.

5 Für die Füllung Mascarpone mit Puderzucker, Orangenschale und -saft verrühren. Die Kuchenrolle ausrollen, das Backpapier entfernen und die Mascarponemischung auf dem gesamten Kuchen verstreichen. Die Roulade erneut so eng wie möglich aufrollen und auf eine Tortenplatte setzen.

6 Für die Glasur die Schokolade in einer hitzebeständigen Schüssel über leicht kochendem Wasser schmelzen und 10 Minuten abkühlen lassen. Butter und Puderzucker zu einer hellen, schaumigen Masse verrühren. Die flüssige Schokolade zugeben und gut einrühren. Die Glasur 20 Minuten beiseitestellen, damit sie leicht fest wird, dann mithilfe eines Tortenmessers auf der Roulade verstreichen. Mit Schokoladenfächern (siehe Seite 147) verzieren.

Zitronen-Limetten-Roulade

Rouladen lassen sich einfach zubereiten und sehen immer wunderschön und recht beeindruckend aus. Die frisch abgeriebene Zitronen- und Limettenschale gibt dieser Roulade eine erfrischende Note, sie eignet sich besonders gut als Dessert für eine Sommerparty.

Für die Roulade

30 g Butter, zusätzlich etwas Butter zum Einfetten

115 g Mehl, zusätzlich etwas Mehl zum Bestäuben

4 Eier aus Freilandhaltung

115 g brauner Rohr-Rohzucker

Abgeriebene Schale von 2 unbehandelten Zitronen

Abgeriebene Schale von 2 unbehandelten Limetten

Für die Füllung

200 ml Sahne

Abgeriebene Schale von 1 unbehandelten Zitrone

Abgeriebene Schale von 1 unbehandelten Limette

6 EL Lemon Curd (aus dem Glas)

Für die Verzierung

Puderzucker

Frische essbare Blüten

Zubereitung

1 Den Backofen auf 180 °C (Umluft 160 °C) vorheizen. Ein Backblech (30 x 40 Zentimeter) mit hohem Rand einfetten und mit Backpapier auslegen.

2 Die Butter zerlassen und zum Abkühlen beiseitestellen. Eier und Zucker in einer großen Schüssel 5 Minuten verrühren, bis die Mischung hell und cremig ist, dann Zitronen- und Limettenschalen kurz mit einrühren. Das Mehl über die Mischung sieben und mit einem Metalllöffel unterheben. Die abgekühlte, zerlassene Butter zugießen und behutsam einrühren.

3 Den Teig auf das Backblech geben und mit einem Tortenmesser gleichmäßig verteilen. Die Teigschicht sollte etwa einen Zentimeter hoch sein. Den Kuchen im Backofen 6–8 Minuten backen, sodass er noch sehr hell ist.

4 Ein sauberes Küchenhandtuch in kaltes Wasser legen und auswringen. Das Handtuch auf der sauberen Arbeitsfläche ausbreiten und ein Stück Backpapier darüberlegen. Etwas Zucker auf das Backpapier streuen. Den Kuchen mit der Oberseite nach unten auf das vorbereitete Backpapier stürzen, das oben liegende Backpapier streifenweise abziehen, die Kuchenplatte vorsichtig mit dem unteren Backpapier einrollen und beiseitestellen.

5 Für die Füllung die Sahne steif schlagen und die Zitronen- und Limettenschale unterheben. Die Kuchenrolle vorsichtig ausrollen, das Backpapier entfernen und zunächst mit Lemon Curd, dann mit der Sahnemischung bestreichen. Zum Schluss die Roulade erneut eng aufrollen.

Zum Servieren

Die Roulade kann einen Tag im Voraus zubereitet und kurz vor dem Servieren gefüllt werden. Zum Servieren die Oberseite der Roulade mit reichlich Puderzucker bestäuben und mit frischen essbaren Blüten dekorieren.

Tipp

Besonders gut schmecken zu dieser Roulade auch frische Sommerbeeren und etwas Schlagsahne.

Mango-Maracuja-Pavlova-Roulade

Eine Roulade aus Baiserteig klingt bestimmt sehr anspruchsvoll, doch ist sie einfacher herzustellen, als es zunächst scheint. Die Elastizität des Eiweißes erleichtert das Einrollen, und die fertige Roulade schmeckt leicht, locker und knusprig zugleich.

Für die Roulade

3 Eiweiß von großen Eiern aus Freilandhaltung

175 g brauner Rohr-Rohzucker

1 gestrichener TL Speisestärke

1 TL Malzessig, ersatzweise Weißweinessig

1 TL Vanilleextrakt (siehe Tipp Seite 86)

Puderzucker zum Bestäuben

Für die Füllung

250 g Mascarpone

1 große, reife Mango, geschält, entsteint und fein gehackt

150 ml Crème double

2 Maracujas

Für die Verzierung

Puderzucker

Zubereitung

1 Den Backofen auf 140 °C (Umluft 130 °C) vorheizen, ein Backblech (33 x 23 Zentimeter) mit hohem Rand mit Backpapier auslegen.

2 Eiweiße schlagen, bis sie ihr Volumen verdoppelt haben, nach und nach den Zucker einrieseln lassen und weiterschlagen, bis die Masse zähflüssig und glänzend ist. Speisestärke, Essig und Vanilleextrakt vermengen und die Mischung in die Eiweißmasse rühren.

3 Die Masse löffelweise in die Form füllen und behutsam glatt streichen. Dabei darauf achten, dass nicht zu viele Luftbläschen kaputtgehen. Die Masse 30 Minuten backen, bis das Baiser an der Oberfläche fest ist. Währenddessen die Füllung zubereiten. Dafür den Mascarpone cremig rühren und die gehackte Mango zugeben. Crème double mit dem Rührgerät verrühren und zu der Mangomischung geben. Die Maracujas halbieren, das Fruchtfleisch herauslösen und beiseitestellen.

4 Die Baiserplatte aus dem Backofen nehmen und 10 Minuten mit einem feuchten Backpapier abdecken. Ein weiteres Blatt Backpapier mit Puderzucker bestäuben und die Baiserplatte mit der Oberseite nach unten daraufstürzen. Das nun oben liegende Backpapier streifenweise abziehen.

5 Die Mangocreme auf das Baiser streichen und das Fruchtfleisch der Maracujas darauf verteilen. Die Baiserplatte von der kurzen Seite her zu einer Roulade aufrollen, dabei das Backpapier zu Hilfe nehmen. Die fertige Roulade vorsichtig auf eine Tortenplatte setzen.

Zum Servieren

Die Roulade vor dem Servieren großzügig mit Puderzucker bestäuben.

Haltbarkeit

Die Roulade kann einen Tag im Voraus zubereitet werden.

Vanille-Pavlova mit Schokolade und Maronen

Die kleinen Baiserschalen werden mit aromatischer Maronen-creme gefüllt und mit zarten Schokoladenröllchen garniert. Sie eignen sich perfekt für eine Einladung im Winter oder eine Cocktailparty im Herbst. Die Baiserschalen können im Voraus zubereitet und erst kurz vor dem Servieren gefüllt werden.

Ergibt bis zu 20 Baiserschalen

Für das Baiser

3 Eiweiß von mittelgroßen Eiern aus Freilandhaltung

175 g brauner Rohr-Rohzucker

1 TL Speisestärke

½ TL Vanilleextrakt (siehe Tipp Seite 86)

½ TL Weißweinessig

150 g weiße Schokolade

Für die Füllung

430 ml Crème double

Etwa 200 g gesüßtes Maronen-püree (Crème de Marron)

100 g dunkle Schokolade, zu Röllchen geschabt

Zubereitung

1 Den Backofen auf 140 °C (Umluft 120 °C) vorheizen. Zwei große Backble-che mit Backpapier auslegen. Die Eiweiße in einer großen Schüssel zu stei-fem Schnee schlagen. Löffelweise den Zucker zugeben und weiterschlagen, bis der Eischnee sehr steif ist und glänzt. Speisestärke über den Eischnee sieben und zusammen mit Vanilleextrakt und Essig mit einem großen Metall-löffel unterheben. Die Eiweißmischung mit einem Esslöffel portionsweise auf die vorbereiteten Backbleche geben. Jede Portion mit dem Löffel flach drü-cken, sodass sie einen Durchmesser von 7,5 Zentimetern erreicht und in der Mitte eine leichte Vertiefung hat.

2 Die Baisers im Backofen 35–40 Minuten backen, bis sie fest sind, dann auf einem Backgitter abkühlen lassen.

3 Weiße Schokolade schmelzen und mit einem Backpinsel jede Baiserschale mit einem Schokoladenüberzug versehen. Den Überzug fest werden lassen.

4 Für die Füllung die Crème double mit dem Handrührgerät verrühren und das Maronenpüree unterheben.

5 Mithilfe von zwei Teelöffeln aus der Füllung kleine Nocken formen und diese in die Mitte der Baiserschalen setzen. Zum Schluss die Schokoladen-röllchen (siehe Seite 147) darüberstreuen.

Pistazien-Baisertorte

Diese spektakuläre Baisertorte besteht aus drei Schichten weichem, leicht nussigem Baiser mit frischen Beeren der Saison und Sahne dazwischen. Sie lässt sich problemlos schneiden und eignet sich hervorragend als Dessert-Highlight einer großen Dinnerparty.

Für das Baiser

125 g Pistazien, geschält

5 Eiweiß von großen Eiern aus Freilandhaltung

300 g brauner Rohr-Rohzucker

1 TL Malzessig, ersatzweise Weißweinessig

1 TL Vanilleextrakt (siehe Tipp Seite 86)

Für das rote Beerenkompott

250 g Erdbeeren

250 g Himbeeren

75 g brauner Rohr-Rohzucker

Für die Füllung

570 ml Crème double

250 g Erdbeeren

250 g Himbeeren

100 g Rote Johannisbeeren

Zubereitung

1 Den Backofen auf 190 °C (Umluft 170 °C) vorheizen. Drei Springformen von 20 Zentimeter Durchmesser mit Backpapier auslegen. (Alternativ drei Kreise mit 20 Zentimeter Durchmesser auf Backpapier zeichnen und diese auf Backbleche legen.)

2 Die Pistazien auf ein Backblech geben und auf der mittleren Schiene des Backofens 10–15 Minuten backen, abkühlen lassen und fein hacken.

3 Die Eiweiße in einer sauberen, fettfreien Schüssel zunächst nicht ganz steif schlagen, den Zucker nach und nach einrieseln lassen und weiterschlagen. Sobald der Eischnee sehr steif ist, Essig und Vanilleextrakt zufügen.

4 Die gehackten Nüsse mit einem Metalllöffel unterheben. Die Mischung in die drei Backformen (oder auf die Kreise) verteilen und mit dem Löffel gleichmäßig verstreichen. Dabei zwei Kreise glatt streichen, auf dem dritten kleine Spitzen formen. Das Baiser im Ofen 30–35 Minuten backen, bis es fest ist.

5 Die Baisers in den Backformen völlig erkalten lassen, dann auf Backgitter setzen und das Backpapier abziehen.

6 Für das Kompott die Früchte waschen und putzen. Mit zwei Esslöffeln Wasser und dem Zucker aufkochen, 20–25 Minuten köcheln lassen, bis die Früchte zerfallen und die Flüssigkeit reduziert ist. Das Kompott erkalten lassen.

7 Für die Füllung die Crème double verrühren. Die unterste Baiserplatte auf eine Tortenplatte setzen, ein Drittel der Crème double darauf verstreichen, drei Esslöffel des Fruchtkompotts darauf verteilen und je ein Drittel der geputzten Erdbeeren und Himbeeren darüberstreuen. Die zweite Baiserplatte aufsetzen und ebenso bedecken. Zum Schluss die dritte Platte mit den kleinen Spitzen aufsetzen und mit Crème double, Kompott und frischen Früchten, darunter nun auch den Johannisbeeren, bedecken. Das restliche Fruchtkompott in kleinen Schälchen zur Torte servieren.

Tipp

Malzessig ist ein typisch englisches Produkt und entweder in Asia-Läden oder Feinkostgeschäften erhältlich. Auch über das Internet kann man Malzessig beziehen, z.B. unter www.teeshop.de

Kekse und Gebäck

Kekse und Gebäck

Selbst gebackene Kekse und witzig verziertes Kleingebäck sind eine perfekte Ergänzung jeder Party. Zu bestimmten Themen gestaltet und von Hand dekoriert, können sie entweder sofort verspeist werden, hübsch verpackt als Platzkarte dienen oder als Präsent mit nach Hause genommen werden. Als aufwendigere Tischdekoration habe ich hier ein traditionell zubereitetes Lebkuchenhaus gewählt, und auch die herrlich süße, ursprünglich aus Persien stammende Baklava ist mit von der Partie.

Erdbeerplätzchen

Der Inbegriff des englischen Sommervergnügens, der jeden sofort an Wimbledon und Kricket denken lässt, sind diese frischen Erdbeerplätzchen, die hervorragend auf jedes sommerliche Buffet passen. Auf einer Etagere angerichtet, sehen sie besonders hübsch aus. Reichen Sie dazu am besten fruchtigen Champagner oder geben Sie drei kleine Walderdbeeren in ein Glas und übergießen Sie diese mit Sekt.

Ergibt 32 Stück

Für die Plätzchen

175 g weiche Butter

115 g brauner Rohr-Rohzucker

Abgeriebene Schale von 1 unbehandelten Zitrone

1 Tl Vanilleextrakt (siehe Tipp Seite 86)

115 g gemahlene Mandeln

175 g Mehl

Mehl zum Bestäuben

Für die Füllung

285 ml Crème double

250 g gute Erdbeerkonfitüre

Spritzbeutel mit Sterntülle

400 g Walderdbeeren oder Erdbeeren, in Scheiben geschnitten

Puderzucker zum Bestäuben

Zubereitung

1 Butter und Zucker cremig rühren. Zitronenschale und Vanilleextrakt einrühren. Mandeln und Mehl zugeben und alles zu einem homogenen Teig verrühren. Den Teig in Klarsichtfolie wickeln und 30 Minuten kühl stellen. Den Backofen auf 160 °C (Umluft 140 °C) vorheizen und zwei Backbleche mit Backpapier auslegen.

2 Den Teig auf der leicht bemehlten Arbeitsfläche fünf Millimeter dick ausrollen und mit einer runden Ausstechform Kreise von fünf Zentimeter Durchmesser ausstechen. Die Teigkreise mithilfe eines Tortenmessers auf die Backbleche setzen und 12–15 Minuten goldgelb backen. Die Plätzchen 2 Minuten abkühlen lassen, dann auf einem Backgitter erkalten lassen.

3 Für die Füllung die Crème double mit dem Handrührgerät steif schlagen.

4 Die Hälfte der Plätzchen mit einem Teelöffel Erdbeerkonfitüre versehen. Die Crème double in den Spritzbeutel füllen und kreisförmig auf die Konfitüre spritzen. Je eine Erdbeerscheibe oder drei Walderdbeeren daraufsetzen. Ein zweites Plätzchen in leichtem Winkel oben aufsetzen und die fertigen Plätzchen mit Puderzucker bestäuben.

Flamingo-Kekse

Kinder sind begeisterte Helfer beim Ausstechen und Verzieren von Plätzchen und Keksen, denn das geht einfach und schnell, und das Ergebnis ist sofort sichtbar. Hier habe ich Flamingo-Ausstechformen verwendet, aber Ihrer Fantasie sind natürlich keine Grenzen gesetzt. Für ein kleines Geschenk, hübsch verpackt, habe ich die gebackenen Flamingos mit buntem Royal Icing verziert.

Ergibt 12 große Kekse

Für die Kekse

200 g weiche Butter

200 g brauner Rohr-Rohzucker

1 mittelgroßes Ei aus Freilandhaltung, verschlagen

2 TL Vanillepaste (siehe Tipp Seite 86)

400 g Mehl, zusätzlich etwas Mehl zum Bestäuben

Verschiedene Ausstechformen oder Vorlagen aus Pappe

Zum Verzieren

1 Rezeptmenge Royal Icing (siehe Seite 145)

Mehrere Spritzbeutel

Dünne Lochtüllen (ca. 5 mm Durchmesser)

Lebensmittelfarbe in Schwarz, Rosa und Gelb

Pinsel

Durchsichtige Zellophantütchen

Geschenkband

Zubereitung

1 Den Backofen auf 180 °C (Umluft 160 °C) vorheizen. Butter und Zucker cremig rühren, dann das verschlagene Ei einrühren. Vanillepaste unterrühren, Mehl zugeben und alles zu einem homogenen Teig vermengen. Den Teig in Klarsichtfolie wickeln und 30 Minuten kühl stellen.

2 Die Arbeitsfläche mit etwas Mehl bestäuben und den Teig darauf fünf Millimeter dick ausrollen. Flamingos oder andere Formen ausstechen und mit Abstand auf ein beschichtetes oder eingefettetes Backblech setzen.

3 Die Kekse 10 Minuten backen, bis sie goldgelb sind, leicht abkühlen lassen und auf ein Backgitter setzen.

4 Einen Spritzbeutel mit dünner Lochtülle mit weißem Royal Icing füllen und die Umrisse der Flamingos auf die Kekse spritzen. Einen Esslöffel Royal Icing schwarz färben und in einen zweiten Spritzbeutel füllen.

5 Das restliche Royal Icing mit Wasser verdünnen, bis es flüssig ist. Drei Viertel davon rosa, ein Viertel gelb färben. Zunächst den Körper der Flamingos mit rosa Royal Icing ausfüllen. Mithilfe eines Pinsels alle Ecken gleichmäßig ausfüllen und ein Federmuster aufmalen. Die Farbe leicht antrocknen lassen, dann Beine und Schnabel gelb ausmalen. Zum Schluss Beine, Knie, Auge und Schnabelspitze in Schwarz aufspritzen.

6 Die bunten Kekse über Nacht trocknen lassen, in Zellophantütchen geben und mit buntem Geschenkband verschließen.

Hand- und Fußkekse

Diese Kekse sind bei Kindern besonders beliebt, denn sie sind witzig und besonders schnell gemacht. Ich habe es mir hier leicht gemacht, Hände und Füße aus Vanille- und Schokoladenteig ausgestochen und die Fingerspitzen und Zehen einfach in flüssige Schokolade getaucht.

Ergibt 40 Kekse

Für die Vanillekekse

200 g weiche Butter

200 g brauner Rohr-Rohzucker

1 mittelgroßes Ei aus Freilandhaltung, verschlagen

400 g Mehl, zusätzlich etwas
Mehl zum Bestäuben

2 TL Vanillepaste
(siehe Tipp Seite 86)

Für die Schokoladenkekse

Rezept wie oben,
aber 50 g Mehl durch
50 g Kakaopulver ersetzen

Vanillepaste weglassen

Für die Verzierung

Je 75 g weiße und dunkle
Schokolade, getrennt geschmolzen, zum Eintauchen der Zehen
und Finger

Zubereitung

1 Den Backofen auf 180 °C (Umluft 160 °C) vorheizen. Butter und Zucker cremig rühren, dann das verschlagene Ei und die Vanillepaste unterrühren. Mehl zugeben und alles zu einem homogenen Teig verrühren. Den Teig in Klarsichtfolie wickeln und 30 Minuten kühl stellen.

2 Die Arbeitsfläche mit etwas Mehl bestäuben und den Teig darauf fünf Millimeter dick ausrollen. Mithilfe von entsprechenden Ausstechformen oder Vorlagen aus Pappe Hände und Füße ausstechen oder ausschneiden und mit Abstand auf ein beschichtetes oder eingefettetes Backblech setzen.

3 Die Kekse etwa 10 Minuten backen.

4 Die fertigen Kekse leicht abkühlen lassen und auf ein Backgitter setzen. Sobald die Kekse ganz erkaltet sind, Zehen und Fingerspitzen in flüssige Schokolade tauchen und auf Backpapier trocknen lassen.

Tipp

Es ist gar nicht nötig, spezielle teure Ausstechformen zu kaufen. Einfach die gewünschten Formen auf Pappe vorzeichnen, ausschneiden und als Vorlage auf den Teig legen. So können zu jeder Gelegen-heit passende Motive ausgeschnitten und gebacken werden.

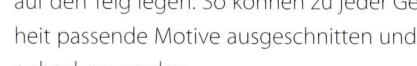

Lebkuchen

Ein Höhepunkt für mich ist jedes Jahr im Dezember der Besuch bei meiner Schwester in München. Beim Bummel über den Christkindlmarkt pfeift uns regelmäßig der kalte Wind um die Nase, doch ein heißer Glühwein und Lebkuchen wärmen uns schnell wieder auf.

Ergibt 40 einzelne Lebkuchen oder ein Lebkuchenhaus

Für die Lebkuchen

115 g weiche Butter

115 g heller Muskovado-Zucker

1 mittelgroßes Ei aus Freilandhaltung, verschlagen

115 g dunkler Rübensirup

400 g Mehl, zusätzlich etwas Mehl zum Bestäuben

1 Päckchen Backpulver

1 TL gemahlener Ingwer

½ TL gemahlene Gewürznelken

½ TL Chilipulver

Für Überzug und Verzierung

115 g Milchschokolade

115 g dunkle Schokolade

115 g weiße Schokolade

Mehrere Spritzbeutel

Kakaopulver zum Bestäuben

Zubereitung

1 Butter und Zucker cremig rühren, das verschlagene Ei und den Rübensirup einrühren. Mehl und Backpulver in die Schüssel sieben, Ingwer, Gewürznelken und Chilipulver dazugeben und alles mit einem Holzlöffel verrühren, bis ein homogener, fester Teig entstanden ist. Den Teig auf der bemehlten Arbeitsfläche leicht kneten, in Klarsichtfolie wickeln und 30 Minuten kühl stellen. Den Backofen auf 180 °C (Umluft 160 °C) vorheizen und zwei Backbleche mit Backpapier auslegen.

2 Die Hälfte des Teigs auf der leicht bemehlten Arbeitsfläche fünf Millimeter dick ausrollen. Herzen von fünf Zentimeter Größe ausstechen und auf die Backbleche setzen. Den restlichen Teig in 20 gleich große Stücke schneiden, zu Kugeln formen, auf die Backbleche setzen und mit den Fingern flach drücken. Die Lebkuchen vor dem Backen weitere 30 Minuten kühl stellen.

3 Die Lebkuchen 8–10 Minuten backen, auf ein Backgitter setzen und abkühlen lassen. Die Schokolade über leicht kochendem Wasser schmelzen und temperieren (siehe Seite 147).

4 Das Backgitter mit den Lebkuchen auf ein Stück Backpapier setzen und jeden Lebkuchen mithilfe eines Metalllöffels mit flüssiger Schokolade überziehen. Das Gitter leicht anheben und wieder auf die Arbeitsfläche fallen lassen, damit sich die Schokolade gleichmäßig verteilt. (Wird die Schokolade zu fest, diese einfach nochmals über leicht kochendem Wasser erwärmen.)

5 Einige Lebkuchen mit Kakaopulver bestäuben. Drei kleine Spritzbeutel mit je einem Esslöffel der flüssigen Schokolade füllen. Die Enden der Spritzbeutel abschneiden und auf die Lebkuchen dünne Zickzacklinien aufspritzen. Die fertigen Lebkuchen vor dem Servieren abkühlen und trocknen lassen.

Lebkuchenhaus

Aus Lebkuchenteig kann man einzelne Lebkuchen fertigen und mit Schokolade überziehen – oder aber man baut daraus ein köstliches Lebkuchenhaus. Das ist einfacher, als es aussieht, und macht viel Spaß!

Zutaten

1 Rezeptmenge Lebkuchenteig (siehe Seite 127)

Mehrere Spritzbeutel

2 Rezeptmengen Royal Icing (siehe Seite 145)

3 Sterntüllen (ca. 5, 7 und 9 mm Durchmesser)

Essbares Glitzerpulver

Runde Kuchenplatte mit 25 cm Durchmesser

Lebensmittelfarben in Rot und Grün

Bunte Geleebohnen (jelly beans)

50 g weiße Zuckermasse

Ausstechformen in Form von Blüten

100 g grüne Zuckermasse

1 m grünes Geschenkband, 15 mm breit

Zubereitung

1 Den Lebkuchenteig wie auf Seite 127 beschrieben zubereiten, zu einem großen, fünf Millimeter dicken Quadrat ausrollen und im Backofen bei der angegebenen Temperatur backen.

2 Die Lebkuchenplatte etwas abkühlen lassen, dann mit einem großen Zackenmesser anhand der Vorlagen von Seite 154–155 die Grundfläche, zwei Seitenwände, Vorder- und Rückwand, zwei Dachflächen und zwei Stücke für den Kamin ausschneiden.

3 Die Platten erkalten lassen. Einen Spritzbeutel mit weißem Royal Icing füllen, die Spitze abschneiden. Einen dicken Strang Royal Icing auf den unteren Längsrand einer Seitenfläche spritzen und diese an die Grundfläche drücken. Mit der anderen Seitenfläche ebenso verfahren. Als Nächstes die Vorder- und Rückwand mit Royal Icing versehen und an Grundfläche und Seitenwänden fixieren. Reichlich Royal Icing auf die Oberkanten der Seitenwände aufspritzen und darauf die Dachflächen anbringen. Dabei beide Dachflächen am First mit einem dicken Strang Royal Icing verbinden. Die beiden Kaminstücke mit Royal Icing zusammenkleben. Alles fest werden lassen.

4 Einen Spritzbeutel mit Sterntülle mit Royal Icing füllen und beide Dachflächen ganz mit aufgespritzten Sternen bedecken. Den Kamin auf dem Dach fixieren und mit weißem Royal Icing verzieren. Das Dach mit essbarem Glitzerpulver bestreuen und fest werden lassen.

5 Die Kuchenplatte mit Royal Icing bedecken und diesem mithilfe eines Tortenmessers ein schneeartiges Muster geben. Das Lebkuchenhaus in die Mitte der Platte setzen und dekorieren. Dazu mit farbigem Royal Icing Fenster und Türen aufspritzen und als Rahmen bunte Geleebohnen aufkleben. Einige Blüten aus weißer Zuckermasse ausstechen und diese am Haus und rundherum fixieren. Für die Bäume die grüne Zuckermasse zu drei verschieden großen Kegeln formen und diese ringsherum mit einer kleinen Schere mehrmals einschneiden. Zum Schluss die Kuchenplatte mit grünem Geschenkband umwickeln.

Haltbarkeit

Das Lebkuchenhaus hält sich bis zu einem Monat.

Lebkuchenherzen und -sterne

Diese aufwendig verzierten Lebkuchen sehen in jedem Fall festlich aus, ob man sie nun an hübschen Bändern an den Christbaum hängt, auf einer Servierplatte anrichtet oder in kleinen Zellophantüten verschenkt.

Ergibt 24 Stück

Für die Lebkuchen

115 g weiche Butter

115 g heller Rohrzucker

1 TL Vanilleextrakt
(siehe Tipp Seite 86)

175 g Mehl, zusätzlich etwas
Mehl zum Bestäuben

15 g Kakaopulver

1 TL gemahlener Ingwer

2 EL Milch

**Zum Ausstechen,
Überziehen und Verzieren**

Herz- und sternförmige
Ausstechformen, 7,5 cm groß

Dicker Strohhalm

1 Rezeptmenge Royal Icing
(siehe Seite 145) zum Aufspritzen

Rote Lebensmittelfarbe

Mehrere Spritzbeutel

Dünne Lochtüllen
(ca. 5 mm Durchmesser)

Je 1 Rezeptmenge weißes und rotes
flüssiges Royal Icing (siehe Seite 145)
zum Ausfüllen

Reichlich kariertes Geschenkband
für jeden Lebkuchen

Zubereitung

1 Den Backofen auf 190 °C (Umluft 170 °C) vorheizen und ein Backblech mit Backpapier auslegen. Butter, Zucker und Vanilleextrakt cremig rühren. Mehl, Kakaopulver und gemahlenen Ingwer darübersieben und alles verrühren. Dabei nach und nach etwas Milch zugeben, um die Bindung zu erleichtern.

2 Den Teig auf die leicht bemehlte Arbeitsfläche geben und kneten. Dann den Teig in Klarsichtfolie wickeln und 30 Minuten kühl stellen.

3 Den Teig sieben Millimeter dick ausrollen und Sterne und Herzen ausstechen. Diese auf das vorbereitete Backblech setzen und mit einem dicken Strohhalm am oberen Ende ein Loch in jeden Lebkuchen stechen. Die Lebkuchen 12–15 Minuten backen, zunächst auf dem Blech leicht abkühlen, dann auf einem Backgitter völlig erkalten lassen.

4 Das Royal Icing auf zwei Schüsseln verteilen und eine Hälfte rot färben. Einen Spritzbeutel mit dünner Lochtülle mit weißem Royal Icing füllen und die Hälfte der Sterne und Herzen mit einer dünnen Umrandung aus Royal Icing versehen. Mithilfe eines zweiten Spritzbeutels mit flüssigem weißem Royal Icing die Innenflächen der Herzen und Sterne ausfüllen. Die zweite Hälfte der Lebkuchen auf die gleiche Weise in Rot verzieren. Alle Lebkuchen 2 Stunden trocknen lassen, bis das Royal Icing eine Haut gebildet hat.

5 Einen Spritzbeutel mit dünner Lochtülle mit rotem Royal Icing füllen und auf jeden weißen Lebkuchen freihändig ein hübsches Muster aufspritzen (siehe Vorlagen Seite 156). Die roten Lebkuchen ebenso mit weißem Royal Icing verzieren. Lebkuchen über Nacht trocknen lassen.

6 Jeden Lebkuchen mit dem Geschenkband und einer Schleife verzieren. Die fertigen Lebkuchen entweder als Christbaumschmuck verwenden oder auf einer Kuchenplatte anrichten.

Baklava

Diese berühmte Süßspeise aus Persien wird traditionell zur Feier des ersten Frühlingstages – also am 21. März – serviert. Zwischen die dünnen Teigschichten, die in reichlich süßem Sirup mit Rosenwasser getränkt sind, werden geröstete Pistazien geschichtet. Baklava reicht man nach dem Abendessen zu Tee oder Kaffee.

Für den Teig

350 g geröstete Pistazien, fein gehackt

150 g Puderzucker

150 g zerlassene Butter

450 g Filoteig

Für den Sirup

300 g Zucker

2 EL Rosenwasser

Zubereitung

1 Für den Sirup Zucker und 200 Milliliter Wasser zum Kochen bringen, die Temperatur reduzieren und die Mischung 10 Minuten leicht kochen lassen, bis sie eindickt. Das Rosenwasser einrühren und den Sirup beiseitestellen.

2 Pistazien und Puderzucker vermengen. Den Backofen auf 160 °C (Umluft 140 °C) vorheizen. Eine Auflaufform von 18 mal 27,5 Zentimeter Größe mit zerlassener Butter auspinseln und den Boden mit Backpapier auslegen.

3 Je fünf Blätter Filoteig mit zerlassener Butter bestreichen und in die Form legen. (Restlichen Teig mit einem feuchten Tuch abdecken.) Die Hälfte der Pistazienmischung auf den Teig geben und mit einem Löffel leicht andrücken.

4 Weitere fünf Teigblätter auflegen, mit Butter bestreichen und mit der restlichen Pistazienmischung belegen. Zum Schluss nochmals fünf Teigblätter auflegen. Die Baklava zunächst in diagonale Streifen, dann in Rauten schneiden und die restliche zerlassene Butter darübergießen. Die Baklava 20 Minuten backen, dann die Temperatur auf 200 °C (Umluft 180 °C) erhöhen und weitere 15 Minuten backen, bis sie goldbraun und ganz aufgegangen ist.

5 Baklava aus dem Backofen nehmen, Sirup darüberträufeln und in der Form abkühlen lassen. Das Gebäck aus der Form nehmen, dabei die einzelnen Stücke vorsichtig mit einem scharfen Messer trennen.

Techniken

Techniken In diesem Kapitel beschreibe ich sämtliche Techniken zum Überziehen, Verzieren und Stapeln meiner Partytorten und -törtchen. Es enthält Rezepte für verschiedene Überzüge, Glasuren und Fondants sowie Anleitungen zum Färben von Zuckermasse und zur Herstellung von Zuckerverzierungen. Ich zeige, wie man Schokolade schmilzt, um daraus dekorative Muster, Spiralen und Fächer zu formen. Auf den nachfolgenden Seiten finden Sie nicht nur wertvolle Hinweise zu allen Rezepten in diesem Buch, hier bekommen Sie auch Anregungen und Inspiration für eigene Ideen und Motive.

Buttercreme

Buttercreme ist eine Mischung aus weicher Butter und Puderzucker. Die Grundcreme kann durch verschiedene Aromen verfeinert werden: Die hier aufgeführten Varianten mit abgeriebener Orangenschale, Lemon Curd (Zitronencreme mit Ei), Espresso oder Schokoladen-Ganache gefallen mir besonders gut. Eine weitere Variante mit Limettenschale und Kokosraspeln finden Sie auf Seite 80.

Ergibt 750 Gramm
Zutaten
250 g weiche Butter
500 g Puderzucker
1 TL Vanilleextrakt
(siehe Tipp Seite 86)

Die weiche Butter 2 Minuten mit dem Handrührgerät cremig rühren. Den Puderzucker darübersieben und zunächst auf kleiner Stufe einrühren. Dann den Vanilleextrakt zugeben und alles auf höchster Stufe weiterrühren, bis die Buttercreme leicht und locker ist.

Frische Orangenbuttercreme

Die abgeriebene Schale von zwei frischen, unbehandelten Orangen sowie vier Esslöffel Orangensaft in die oben angegebene Buttercrememenge einrühren. Diese Buttercreme eignet sich besonders gut als Füllung für Vanille- oder Schokoladenkuchen.

Buttercreme mit Lemon Curd

Diese Creme ist eine ideale Alternative zu frischer Sahne oder Mascarpone als Füllung der Vanilletorte (siehe Seite 83), denn sie ist sehr stabil, sodass die Torte problemlos mit Schokolade oder Marzipan und Glasur überzogen werden kann. Dazu einfach 275 Gramm fertige Lemon Curd aus dem Glas in eine Rezeptmenge Buttercreme einrühren.

Espresso-Buttercreme

Der feine, milde Geschmack dieser Creme eignet sich gut für die Schoko-Mandel-Torte (siehe Seite 90) oder als Füllung der Mokka-Pekannuss-Torte (siehe Seite 95). 200 Milliliter kochendes Wasser über 100 Gramm Kaffee gießen und 5 Minuten ziehen lassen. Espresso filtern, auf die gleiche Temperatur wie die Buttercreme abkühlen lassen und nach und nach in die Buttercreme einrühren, bis die gewünschte Farbintensität erreicht ist.

Buttercreme mit Schoko-Ganache

Schokoladen-Ganache ist eine Mischung aus gekochter Sahne und Schokolade, die auf der Zunge zergeht. Mit Buttercreme gemischt wird daraus eine köstliche Creme zum Verzieren oder Füllen von Torten.

Zutaten

175 g dunkle Schokolade (70 % Kakaoanteil), in Stücke gebrochen

125 g Crème double

1 Rezeptmenge Buttercreme

Schokoladenstücke in eine Schüssel legen. Sahne zum Kochen bringen, vom Herd nehmen und über die Schokolade gießen. Alles mit einem hölzernen Kochlöffel verrühren, bis die Schokolade geschmolzen und eine gleichmäßige, glänzende Ganache entstanden ist. Die Ganache 15 Minuten abkühlen lassen, dann mit dem Handrührgerät in die Buttercreme einrühren. Überschüssige Creme hält sich im Kühlschrank bis zu 2 Wochen.

Törtchen ausstechen

Kleine Kuchen werden aus einer großen Kuchenplatte ausgeschnitten oder ausgestochen. Eine quadratische Kuchenplatte von 20 Zentimetern Länge ergibt 16 kleine Kuchen mit fünf Zentimetern oder 25 Törtchen mit vier Zentimetern. Für Kuchen mit Buttercreme-Füllung die Kuchenplatte quer durchschneiden, eine Hälfte mit Buttercreme bestreichen, die andere Hälfte aufsetzen, dann die kleinen Kuchen ausschneiden oder ausstechen.

Mit einer runden Ausstechform werden aus der Kuchenplatte kleine runde Kuchen ausgestochen. Um eine quadratische Kuchenplatte in 20 gleich große Stücke zu schneiden, kann man ein Lineal oder Vorlagen aus stabilem Karton verwenden.

Marzipan

Viele fragen mich: »Muss ich denn unbedingt Marzipan verwenden?« Es scheint, als würde diese feine Mandelmasse entweder geliebt oder verabscheut. Als Überzug einer Torte fällt Marzipan dreifache Bedeutung zu: Zum einen schützt es die Torte und hält die Feuchtigkeit im Inneren, zum anderen gibt es ihr Form und Stabilität, und schließlich bietet Marzipan eine ideale Unterlage für jede Art von Glasur. Für eine mehrstöckige Torte empfehle ich unbedingt einen Marzipanüberzug. Hat Ihre Torte nur eine Etage, können Sie sie auch mit einer Doppelschicht Zuckermasse überziehen.

Eine große Torte mit Marzipan überziehen

Zutaten

1 Torte

1 dünnes Tortenblech in der gleichen Größe wie die Torte

Backpinsel

Gekochte Aprikosenkonfitüre, durch ein Sieb gestrichen

Marzipan

Puderzucker

Wellholz

Tortenglätter

Hohe Kuchenplatte oder Schüssel

Scharfes Messer

1 Die Torte umgedreht auf das Tortenblech setzen und großzügig mit der Konfitüre bestreichen. Das Marzipan kneten, bis es weich und formbar ist. Arbeitsfläche leicht mit Puderzucker bestäuben und das Marzipan zu einer dünnen Platte ausrollen. Diese muss groß genug sein, um die Oberseite und die Seitenflächen der Torte ganz zu bedecken; zusätzlich sollte etwas Rand übrig bleiben. Die Marzipanplatte sollte etwa fünf Millimeter dick sein. Die Platte vorsichtig auf den Kuchen heben.

2 Die Marzipanplatte mit den Händen und einem Tortenglätter auf Oberseite und Seitenflächen der Torte behutsam glatt streichen. Den Großteil des überstehenden Randes abschneiden.

3 Die überzogene Torte auf eine erhöhte Kuchenplatte oder eine umgedrehte Schüssel setzen und mit einem scharfen Messer das restliche, überschüssige Marzipan bündig mit dem Tortenblech abschneiden.

1

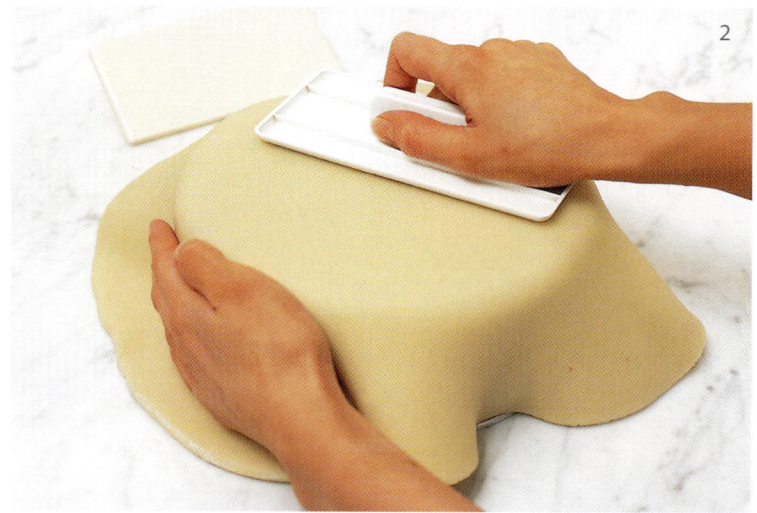

2

3

Einen kleinen Kuchen mit Marzipan überziehen

Kleine Kuchen müssen vor dem Verzieren unbedingt mit Marzipan und Zuckermasse überzogen werden. Dies ist ein wichtiger Arbeitsschritt, der etwas Übung und vor allem Geduld erfordert. Zunächst werden die kleinen Kuchen aus einer großen Kuchenplatte geschnitten: Runde Kuchen werden ausgestochen, quadratische Kuchen ausgeschnitten. Egal ob es nun runde oder eckige Törtchen sind oder ob sie mit Marzipan, Zuckermasse oder Modellierschokolade überzogen werden, die Techniken sind immer ähnlich.

1

1 Seiten und Oberfläche der Kuchen mit erwärmter und wieder leicht abgekühlter Aprikosenkonfitüre bestreichen.

2 Das Marzipan kneten, drei bis vier Millimeter dick ausrollen und in Quadrate von 15 mal 15 Zentimetern schneiden. Die Marzipanquadrate auf die Kuchen legen und ringsherum festdrücken.

3 Bei runden Kuchen eine etwas größere Ausstechform (fünf Zentimeter für Törtchen, sechs Zentimeter für kleine Kuchen) vorsichtig über den mit Marzipan bedeckten Kuchen stülpen, überschüssiges Marzipan abschneiden und entfernen. Seiten, Ober- und Unterseite der Kuchen zwischen zwei Tortenglättern gleichmäßig glatt streichen.

2　　3

Dekor- und Modelliermasse

Fertige Modelliermasse kann man in jedem Konditoreifachgeschäft kaufen oder im Internet bestellen. Diese Masse trocknet langsamer und kann dünner ausgerollt werden als Zuckermasse, sodass man daraus größere Objekte oder zartere Blütenblätter formen kann. In Klarsichtfolie gewickelt und in einem luftdichten Behälter verpackt, hält sie sich bis zu einem Monat.

Ergibt 450 Gramm
2 TL gemahlene Gelatine
450 g Puderzucker, gesiebt
2 TL Tragant-Gummi
2 TL flüssige Glukose
2 TL weißes Fett
1 Eiweiß

1 Die Gelatine in fünf Teelöffel kaltes Wasser einrühren und 30 Minuten stehen lassen. Währenddessen Puderzucker und Tragantgummi in einer Schüssel über einem Topf mit heißem Wasser erhitzen.

2 Flüssige Glukose, Fett und Gelatine bei geringer Hitze verrühren.

3 Die Zuckermischung mit einem elektrischen Handrührgerät auf kleinster Stufe verrühren. Die Glukosemischung und das Eiweiß zugeben und alles auf höchster Stufe 15 Minuten rühren.

Zuckermasse

Zuckermasse lässt sich wie Marzipan leicht ausrollen und über eine Torte breiten. Sie bietet so eine gleichmäßige glatte, saubere Unterlage zum Dekorieren. Zuckermasse ist weich und leicht formbar. Sie lässt sich hervorragend schneiden und hält sich bis zu einem Jahr. Feuchtigkeit verträgt sie allerdings nicht, dadurch löst sich der Zucker auf, sodass hässliche Kerben und Krater entstehen. Verwenden Sie zur Bearbeitung nur saubere und trockene Werkzeuge.

Eine große Torte mit Zuckermasse überziehen

1 Das dickere Tortenblech mit abgekochtem, etwas abgekühltem Wasser bestreichen. Die Arbeitsfläche leicht mit Puderzucker bestäuben und die Zuckermasse darauf kneten, bis sie geschmeidig und formbar ist. Die Masse gleichmäßig auf die richtige Größe ausrollen – so groß wie das dickere Tortenblech und etwa drei Millimeter dick. Die Zuckermasse vorsichtig auf das Tortenblech legen und mit einem Tortenglätter glatt streichen. Das Tortenblech in eine Hand nehmen und mit einem scharfen Messer die überstehende Zuckermasse ringsherum genau bündig mit dem Blech abschneiden. Die Zuckermasse beiseitestellen und (möglichst über Nacht) fest werden lassen.

2 Die mit Marzipan überzogene Torte mit Weinbrand oder abgekochtem, abgekühltem Wasser bestreichen. Dadurch entsteht eine desinfizierende Schicht zwischen Marzipan und Zuckermasse, die gleichzeitig wie ein Kleber wirkt.

3 Die Arbeitsfläche leicht mit Puderzucker bestäuben und darauf erneut die Zuckermasse kneten. Die Masse etwa fünf Millimeter dick und so groß ausrollen, dass sie Oberfläche und Seiten der Torte bedeckt und etwas übersteht. Die Zuckerplatte vorsichtig auf die mit Marzipan überzogene Torte heben.

4 Oberfläche und Seiten der Torte glatt streichen, Zuckerüberzug andrücken.

5 Die Oberfläche der Torte mithilfe eines Tortenglätters gleichmäßig glatt streichen, eventuell entstandene Luftbläschen mit einer Nadel aufstechen. Den Großteil des unten überstehenden Randes der Zuckermasse abschneiden.

6 Die Torte auf eine erhöhte Kuchenplatte oder eine umgedrehte Schüssel setzen und mit einem scharfen Messer die restliche überschüssige Zuckermasse bündig mit dem Tortenblech abschneiden. Ein breites Tortenmesser zwischen Torte und Tortenblech schieben. Etwas Royal Icing auf das mit Zuckermasse ausgelegte Tortenblech geben und die Torte behutsam mittig daraufsetzen.

Zutaten

1 Torte, mit Marzipan überzogen, auf einem dünnen Tortenblech in der gleichen Größe wie die Torte

Backpinsel

1 dickeres Tortenblech, 7,5 cm größer als die Torte

Puderzucker

Zuckermasse

Wellholz

Tortenglätter

Scharfes Messer

Weinbrand oder abgekochtes, abgekühltes Wasser

Hohe Tortenplatte oder Schüssel

Tortenmesser

Etwas Royal Icing (siehe Seite 145)

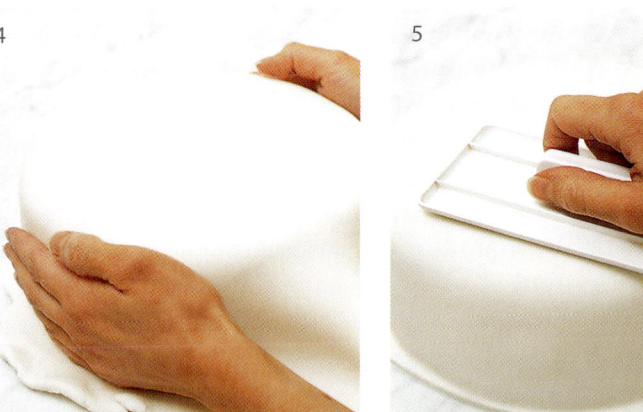

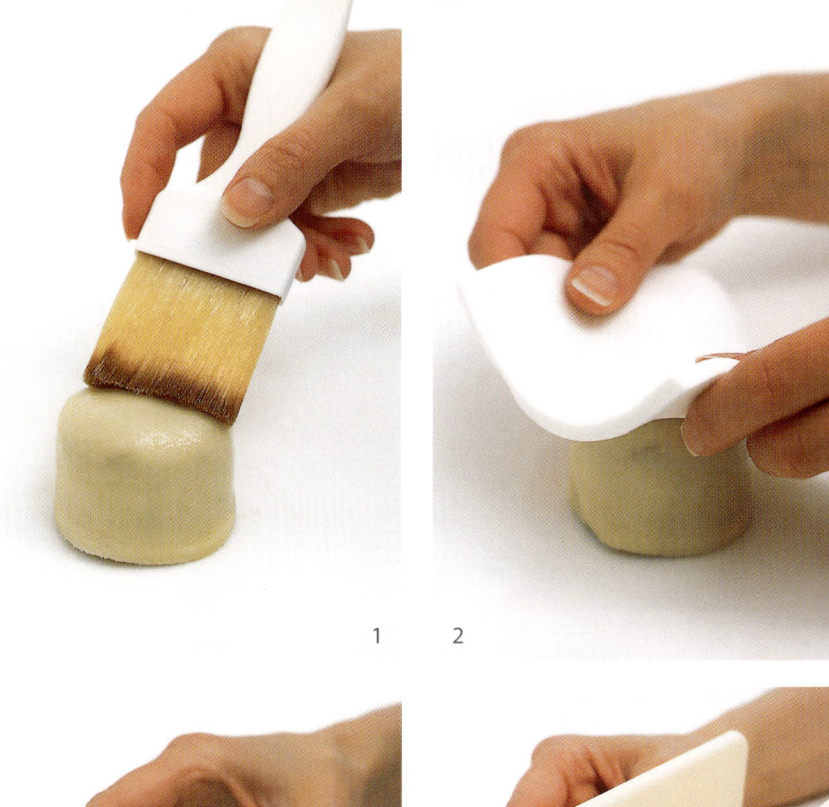

1 2

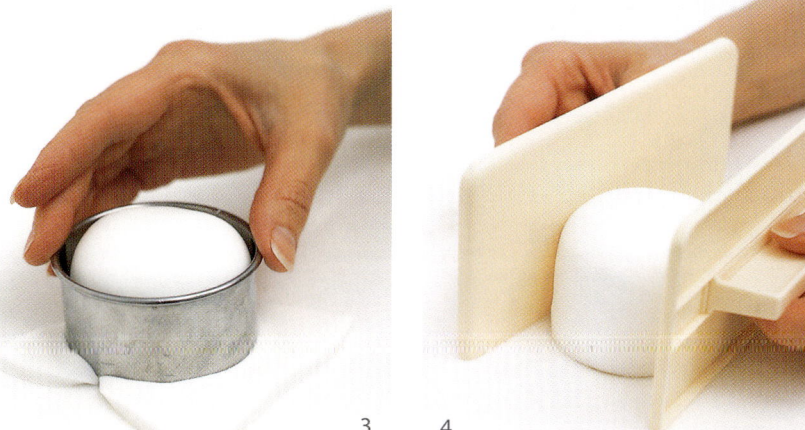

3 4

Einen kleinen runden Kuchen mit Zuckermasse überziehen

Kleine Kuchen werden zunächst mit einer Schicht Marzipan oder (für all diejenigen, die kein Marzipan mögen) weißer Modellierschokolade und danach mit Zuckermasse überzogen. Die Zuckermasse wird über Nacht fest, sodass sich die kleinen Kuchen leicht handhaben und zusätzlich verzieren lassen.

1 Die kleinen, mit Marzipan überzogenen Kuchen mit Weinbrand oder abgekochtem, abgekühltem Wasser bestreichen, damit die Zuckermasse besser klebt.

2 Die Zuckermasse drei bis vier Zentimeter dick ausrollen und in Quadrate zu etwa 20 mal 20 Zentimetern schneiden. Die Quadrate auf die Kuchen setzen und ringsherum festdrücken.

3 Eine etwas größere Ausstechform (sechs Zentimeter für Törtchen, sieben Zentimeter für kleine Kuchen) vorsichtig über den mit Zuckermasse bedeckten Kuchen stülpen, überschüssige Zuckermasse abschneiden und entfernen.

4 Seiten, Ober- und Unterseite der Kuchen zwischen zwei Tortenglättern gleichmäßig glatt streichen.

Zuckermasse färben

Natürlich gibt es gefärbte Zuckermasse fertig zu kaufen. Diese eignet sich gut, wenn man sehr viele kleine Kuchen oder eine große Torte mit mehreren Etagen zu überziehen hat. Braucht man dagegen nur eine kleine Menge oder will Farbton und Intensität selbst bestimmen, lässt sich Zuckermasse leicht von Hand färben.

1 2

1 Weiße Zuckermasse auf einer sauberen, leicht mit Puderzucker bestäubten Arbeitsfläche zu einer Kugel formen. Lebensmittelfarbe zum Färben von Zuckermasse ist stark konzentriert und wird als Paste verkauft. Einen hölzernen Zahnstocher oder ein abwaschbares Plastikstäbchen in die Farbpaste tauchen und wie abgebildet mehrmals damit über die Zuckermasse streichen.

2 Die Zuckermasse erneut kneten, bis sie überall gleichmäßig gefärbt ist.

3 Zum Prüfen der Färbung die Zuckermasse einmal quer durchschneiden.

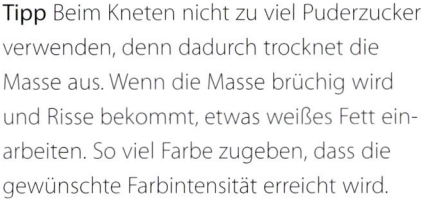

Tipp Beim Kneten nicht zu viel Puderzucker verwenden, denn dadurch trocknet die Masse aus. Wenn die Masse brüchig wird und Risse bekommt, etwas weißes Fett einarbeiten. So viel Farbe zugeben, dass die gewünschte Farbintensität erreicht wird.

Tipp Werden verschiedene Farben oder eine sehr dunkle Farbe verwendet, zum Schutz dünne Plastikhandschuhe tragen.

3

Fondant

Zum Anrühren von 100 Gramm Fondantpulver benötigt man 10 Milliliter Wasser; zum Überziehen eines kleinen Kuchens werden etwa 75 Gramm Fondant benötigt. Fondantmasse entweder über die Kuchen gießen oder jeden Kuchen vorsichtig in die Fondantmasse tauchen.

Einen Kuchen mit Fondant überziehen

1 Die gewünschte Menge Fondantpulver in eine Schüssel geben, in die Mitte eine Mulde drücken und die entsprechende Menge abgekochtes, abgekühltes Wasser hineingeben.

2 Beides mit einem Holzlöffel zu einer Paste verrühren.

3 Zum Färben mit einem Zahnstocher eine kleine Menge Farbe aufnehmen, hineingeben und verrühren.

4 Den Fondant über einem Topf mit kochendem Wasser oder kurz in der Mikrowelle erwärmen. Er sollte etwa Körpertemperatur haben, dadurch wird er etwas dünnflüssiger. Den Kuchen auf ein Backgitter setzen und auf Backpapier stellen. Fondant mit einem großen Löffel über den Kuchen gießen, dabei die Glasur auch an den Seiten verteilen.

5 Den mit Fondant überzogenen Kuchen mit einem breiten Tortenmesser anheben.

6 Den Kuchen auf Pralinenpapier setzen, die Seiten des Papierförmchens nach oben biegen und mit einer Schnur oder einem Gummiband fixieren, bis der Fondant fest geworden ist.

Royal Icing

Schneeweißes Royal Icing wird für Verzierungen aller Art verwendet. Dünnflüssiger eignet es sich zum Ausfüllen von Formen. Die Masse hält sich luftdicht verpackt 7 Tage. Lässt man sie länger als 24 Stunden stehen, trennen sich die Bestandteile. Dann vor Gebrauch nochmals aufschlagen.

Ergibt 400 Gramm

Zutaten

1 Eiweiß von einem mittelgroßen Ei

350 g Puderzucker, gesiebt

Saft von ½ Zitrone

Das Eiweiß in einer sauberen, fettfreien Schüssel kurz mit dem Handrührgerät schlagen. Puderzucker zugeben und beides zunächst auf kleinster Stufe schlagen, bis sich der Zucker ganz aufgelöst hat, dann 1 Minute auf höchster Stufe schlagen. Zitronensaft zugeben und alles nochmals 1 Minute schlagen.

Flüssiges Royal Icing

Mit der flüssigeren Masse werden zuvor mit Royal Icing vorgezeichnete Muster ausgefüllt. Ich verwende diese Technik in mehreren Rezepten in diesem Buch, etwa für die Kokosschmetterlinge auf Seite 27.

Das Royal Icing tropfenweise mit Eiweiß oder Wasser verdünnen. Mit Eiweiß wird die Füllung stabiler, trocknet aber langsamer. Verdünnt man mit Wasser, trocknet die Füllung schneller, bricht aber leichter. Jeden Tropfen langsam einrühren. Royal Icing nicht mehr schlagen, da es dadurch zu viel Luft aufnimmt und sich in der Füllung Bläschen bilden. Um die gewünschte Festigkeit zu prüfen, ein Messer spiralförmig durch die Masse ziehen. Wenn man bis zehn zählt, sollten die Rillen verschwunden sein.

Zutaten

1 Rezeptmenge Royal Icing

Eiweiß oder Wasser

Lebensmittelfarbe

Schmetterling aus Royal Icing

Zum Verzieren der gestreiften Torte (siehe Seite 67).

1 Einige Schmetterlingsmuster (siehe Seite 152) auf Pergamentpapier zeichnen und eine Lage Wachspapier mit der glänzenden Seite nach oben darüberlegen. Beide Papierlagen mit Klebeband fixieren. Royal Icing in einen Spritzbeutel füllen und die Umrisse nachzeichnen.

2 Flüssiges Royal Icing auf drei Schüsseln verteilen, eine Portion weiß lassen, die anderen gelb und grün färben. Drei Spritzbeutel füllen und die obere Hälfte der Schmetterlingsflügel ausfüllen. Die Füllung mit einem dünnen feuchten Pinsel auch in den Ecken verteilen.

3 Auf der noch feuchten Füllung in einer anderen Farbe Kontraste setzen und mithilfe eines Zahnstochers gleichmäßige Muster zeichnen. Füllung 15 Minuten antrocknen lassen, dann das untere Flügelpaar färben und verzieren. Die fertigen Flügel über Nacht trocknen lassen.

4 Die Flügel vom Wachspapier abziehen. Einen Spritzbeutel mit etwas breiterer Lochtülle mit Royal Icing füllen und Kopf und Körper des Schmetterlings auf Wachspapier aufspritzen. Die Schmetterlingsflügel in leichtem Winkel am Körper befestigen, dabei zur Fixierung jeweils ein Stück Schwamm (oder einen Wattebausch) unterlegen. Zwei Fühler am Kopf befestigen. Die Schmetterlinge über Nacht trocknen lassen, dann mit etwas Royal Icing auf der Torte fixieren.

Einen Spritzbeutel herstellen

Spritzbeutel kann man leicht aus einem dreieckigen Stück Backpapier selbst herstellen. Je größer das Papierdreieck ist, umso größer wird auch der Beutel. In die kleinen fülle ich verschiedene Farben, große Tüten eignen sich, um große, mehrstöckige Torten in einer Farbe zu verzieren.

1 Backpapier, 30 mal 45 Zentimeter groß, diagonal zusammenfalten, sodass zwei Dreiecke entstehen. Das Papier am Falz auseinanderschneiden. Eines der Dreiecke mit der Spitze nach unten auf die Arbeitsplatte legen, die linke äußere Spitze in einem Bogen in die Mitte führen und mit Daumen und Zeigefinger fixieren.

2 Nun die rechte äußere Spitze in einem Bogen in die Mitte führen, sodass alle Spitzen zusammentreffen.

3 Zum Schluss den unteren Rand des Beutels vorsichtig nach außen falten, um ihn zu stabilisieren.

Mehrere Etagen

Kleine mit Zuckermasse überzogene Kuchen können direkt auf größere Torten gesetzt werden. Werden größere Kuchen aufgesetzt, so sollte man sie zunächst auf einer Grundplatte gleicher Größe überziehen und die untere Etage mit Tortendübeln versehen, damit die oberen Lagen nicht einsinken oder umkippen.

1 Einen langen Dübel in die Mitte der unteren Tortenetage stecken. Mit einem Bleistift die Stelle des Dübels markieren, die auf gleicher Höhe mit der Tortenoberfläche liegt. Den Dübel herausziehen, vier weitere, gleich lange Dübel danebenlegen und alle an der gleichen Stelle markieren. Alle Dübel an der Markierung abschneiden und erneut die Länge prüfen. Den ersten Dübel wieder in die Mitte der Torte stecken und die anderen vier so platzieren, dass alle noch unter der oberen, kleineren Tortenetage liegen.

2 Etwas Royal Icing auf die untere Tortenetage streichen.

3 Die obere Etage vorsichtig aufsetzen und leicht verschieben, bis sie mittig oder in jeder anderen gewünschten Position platziert ist.

Schokolade

Zum Überziehen kleiner Kuchen verwende ich gerne reine geschmolzene Schokolade. Um mit geschmolzener Schokolade effektiv arbeiten zu können, muss sie zunächst behutsam temperiert werden, denn nur so erhält sie den richtigen Glanz und die gewünschte Stabilität. Vor allem wird durch das richtige Temperieren verhindert, dass die Schokolade »blüht«, d. h., dass sich unansehnliche weiße Zuckerränder bilden.

Schokolade temperieren

1 Die Schokolade in Stücke brechen und in einer Schüssel über leicht kochendes Wasser halten. (Das Wasser darf nicht sprudelnd kochen, denn wenn die Schokolade mit Wassertropfen oder -dampf in Berührung kommt, wird sie fest und klumpt.) Schokolade umrühren, während sie schmilzt, damit sie sich gleichmäßig erhitzt, dabei aber darauf achten, dass keine Luftbläschen entstehen. Die Schokolade auf 45 °C erwärmen.

2 Das heiße Wasser im Topf durch kaltes ersetzen und die flüssige Schokolade stetig umrühren, bis sie auf 27 °C abgekühlt ist.

3 Nun das kalte Wasser durch warmes ersetzen und die Schokolade erneut auf 31–32 °C (dunkle Schokolade) oder 30–31 °C (Milchschokolade) erwärmen. Diese Temperatur während der Verarbeitung beibehalten. Wird die Schokolade entweder zu warm oder zu kalt, den Temperiervorgang mit warmem oder kaltem Wasser wiederholen.

4 Vor der Verarbeitung immer die richtige Temperatur der Schokolade prüfen. Dazu eine kleine Menge Schokolade dünn auf Alufolie aufstreichen und leicht abkühlen lassen. Sie sollte gleichmäßig glatt und glänzend sein und keine Dellen oder feuchten Stellen aufweisen. Wenn sich Streifen zeigen, kann die Temperatur falsch sein, oder die Schokolade wurde nicht ausreichend gerührt. Ist das Ergebnis nicht wunschgemäß, muss der Temperiervorgang vor der Verarbeitung wiederholt werden.

Verzierungen aus Schokolade

Diese Verzierungen aus dünn aufgestrichener temperierter Schokolade können im Voraus hergestellt werden. Luftdicht verpackt halten sie sich 3 Monate. Sie eignen sich als Deko für viele Torten, so etwa für die marmorierten Schokotrüffel (siehe Seite 14).

1 **Schokoladenrollen** Die temperierte Schokolade zwei Millimeter dick auf eine Marmorplatte oder ein Backblech aus Edelstahl aufstreichen. Sobald die Schokolade beginnt fest zu werden, einen speziellen Schokoladenspachtel am rechten Rand des Schokoladenblattes ansetzen und einen Streifen von etwa zwei Zentimeter Breite und fünf Zentimeter Länge abschaben, bis sich die Schokolade zweimal eingerollt hat. Große Schokoladenraspel entstehen, wenn man die Schokolade erst abschabt, wenn sie fest geworden ist.

2 **Schokoladenfächer** Sie entstehen ähnlich wie die Rollen. Zunächst die temperierte Schokolade wie oben beschrieben aufstreichen. Sobald die Schokolade beginnt fest zu werden, den Schaber am rechten Rand entlang nach oben schieben und dabei wie abgebildet einen Finger auf Schaberkante und Schokolade drücken.

3 **Schokoladenlocken** Die temperierte Schokolade mindestens einen Zentimeter hoch in einen kleinen Plastikbehälter gießen und fest werden lassen. Den Schokoblock in einer Hand halten und mit dem Gemüseschäler kleine Schokolocken abschaben.

1

2

3

Modellierschokolade

Modellierschokolade ist eine Mischung aus reiner Schokolade und Zuckersirup – eigentlich Glukose –, der dafür sorgt, dass die Schokolade leichter formbar ist, sich besser ausrollen und mit den Händen zu Fächern, Rosen oder Blättern gestalten lässt. Sie schmeckt genauso köstlich wie reine Schokolade, erhält aber die Konsistenz von Zuckermasse und gibt jeder Torte einen besonderen, zarten Glanz. Mit Modellierschokolade lässt sich eine Torte in genau der gleichen Weise wie mit Marzipan oder Zuckermasse überziehen. Mischt man weiße und dunkle Modellierschokolade, erhält man eine Milchschokolade-Version.

Zuckersirup

Ergibt 450 ml
Zutaten
250 ml Wasser
140 g extrafeiner Zucker
85 g Glukosesirup

Alle Zutaten in einem Topf zum Kochen bringen. Die Mischung vom Herd nehmen und abkühlen lassen. Die angegebenen Mengen ergeben etwas mehr Sirup, als für das Modellierschokolade-Rezept unten benötigt wird.

Weiße Modellierschokolade

Ergibt 2 ½ kg
Zutaten
1,75 kg weiße Schokolade, in Stücke gebrochen
115 g Kakaobutter
400 g Glukosesirup
300 ml Zuckersirup

1 Die Schokolade in einer sauberen, hitzebeständigen Schüssel über einem Topf mit leicht kochendem Wasser oder in der Mikrowelle schmelzen. Die Kakaobutter auf die gleiche Weise schmelzen. (Es ist wichtig, Kakaobutter und Schokolade getrennt zu schmelzen, denn sie brauchen unterschiedlich lang, müssen aber beide in flüssigem Zustand verarbeitet werden.) Schokolade und Kakaobutter gut miteinander verrühren. Glukosesirup und Zuckersirup mischen und in der Mikrowelle leicht erwärmen. (Dadurch haben alle Zutaten in etwa die gleiche Temperatur, wenn sie nun vermengt werden.)

2 Die Schokomischung über die Sirupmischung gießen und alles mit einem Holzlöffel zu einer glatten Masse verrühren. Die Masse in einen großen, sauberen Gefrierbeutel füllen und über Nacht bei Raumtemperatur fest werden lassen.

3 Vor der endgültigen Verarbeitung die Modellierschokolade gut kneten, bis sie weich und formbar ist. Zum Ausrollen der Masse die Arbeitsfläche mit etwas Puderzucker bestäuben.

Dunkle Modellierschokolade

Diese Masse ist ziemlich fest und zäh und eignet sich besonders gut für handgefertigte Rosen, Lilien und andere Formen. Als Tortenüberzug dagegen sollte sie immer 1:1 mit weißer Modellierschokolade gemischt werden.

Die Schokolade in einer hitzebeständigen Schüssel über einem Topf mit leicht kochendem Wasser oder in der Mikrowelle schmelzen, dabei auf 43 °C erhitzen. Den Glukosesirup separat auf die gleiche Temperatur bringen. Den Sirup über die flüssige Schokolade gießen und mit einem Holzlöffel einrühren, bis alles gut vermengt ist. Die Masse ganz abkühlen lassen, in einen großen, sauberen Gefrierbeutel füllen und über Nacht bei Raumtemperatur fest werden lassen. Vor Gebrauch den Gefrierbeutel abziehen und die Schokolade kneten, bis sie weich und formbar ist.

Ergibt 2¼ kg

Zutaten

1,25 kg dunkle Schokolade (mindestens 55 % Kakaoanteil), in Stücke gebrochen

1 kg Glukosesirup

Einen kleinen Kuchen mit Modellierschokolade überziehen

Kleine Kuchen können zunächst mit weißer Modellierschokolade und anschließend mit Zuckermasse oder einer Mischung aus weißer und dunkler Modellierschokolade überzogen werden. Den Kuchen wie auf Seite 139 beschrieben in kleine quadratische Kuchen oder in Törtchen schneiden. Oberfläche und Seiten der Kuchen mit gekochter, etwas abgekühlter Aprikosenkonfitüre bestreichen.

1 Modellierschokolade zwei bis drei Millimeter dick ausrollen und in Quadrate von etwa 15 Zentimeter Seitenlänge schneiden. Je ein Quadrat über einen Kuchen legen und andrücken.

2 Überzug an den Seiten mithilfe von zwei Tortenglättern festdrücken und glatt streichen.

3 Überschüssige Schokolade mit einem scharfen Messer abschneiden. Nun Oberseite und Seitenflächen mithilfe des Tortenglätters flach drücken und glatt streichen. Dann den letzten Überzug aus dunkler oder weißer Modellierschokolade oder Zuckermasse anbringen.

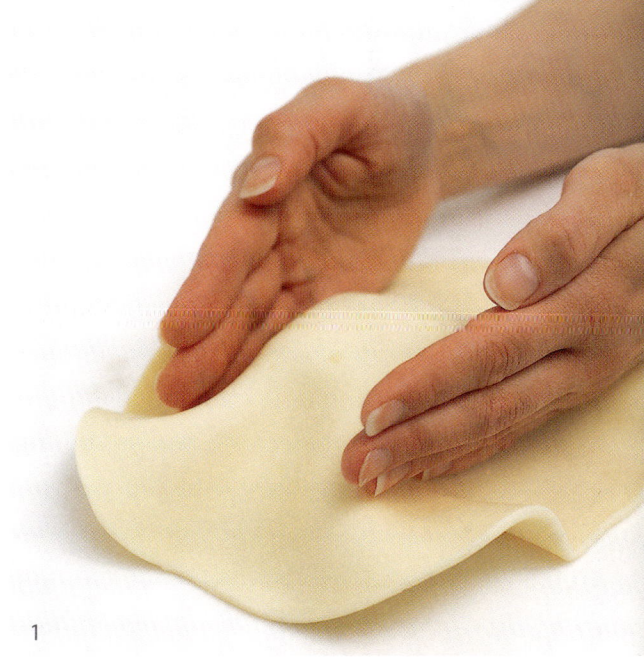

1

2

3

Vorlagen

Libellen und Schmetterlinge
siehe Seite 28

Bollywood
siehe Seite 22

Kokosschmetterlinge
siehe Seite 27

Bunny-Baustein
siehe Seite 71

a b c d

Fondant-Konfekt

siehe Seite 19

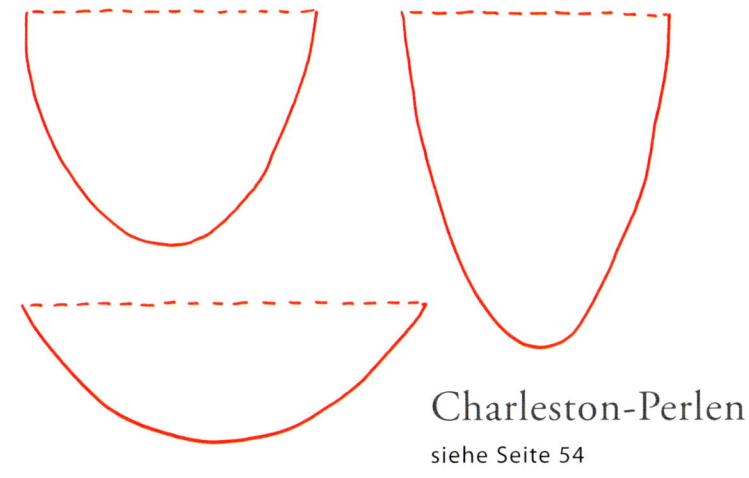

Charleston-Perlen

siehe Seite 54

Schokoladen-präsente

siehe Seite 13

Kirschblüte

siehe Seite 50

Little-Venice-Lace™

Lebkuchenhaus

Dachfläche (zweimal ausschneiden)

Goldene Weihnachtstörtchen

Lebkuchenhaus

Vorder- und Rückwand (zweimal ausschneiden)

siehe Seite 128

Lebkuchenhaus

Kamin (zweimal ausschneiden)

siehe Seite 128

Lebkuchenhaus

Grundfläche (einmal ausschneiden)

siehe Seite 128

Lebkuchenhaus

Seitenwand (zweimal ausschneiden)

siehe Seite 128

Schimmernde Iris

siehe Seite 58

Schwarze Spitze

siehe Seite 20

Lebkuchenherzen
und -sterne

siehe Seite 130

Nikolaus-Stern

siehe Seite 74

Nikolaus-Stern

siehe Seite 74

Nikolaus-Stern

siehe Seite 74

Nützliche Links

Im Internet gibt es etliche Anbieter, die Zutaten – auch ausgefallene – zur Herstellung und Verzierung von Party-törtchen, professionelles Zubehör aus der Patisserie sowie spezielle Back- und Ausstechformen direkt zu Ihnen nach Hause liefern.

Es gibt zudem interessante Blogs im Internet, wo sich Zuckerbäcker und -innen über Tipps und Tricks bei der Herstellung von Partytörtchen, Cakes und Motivtorten austauschen.

Hier einige ausgewählte Links:

www.sweetart.de

Große Auswahl an Werkzeugen und Formen, professionelles Patisserie-Zubehör, Lebensmittelfarben, Fruchtpulver zum Aromatisieren von Zuckermassen, Kuvertüren, Glukose, echte Kakaobutter

www.tortissimo.de

Fertiges Roll- und Dekorfondant, Pinsel für Speisefarben, Zuckerperlen in Metalloptik, Lebensmittelfarbsprays, Speisegold, Dübel für mehrstöckige Torten

www.hobbybaecker.de

Jede Menge Backzubehör thematisch sortiert, weiße und bunte Zuckermassen, Marzipan

www.pati-versand.de

Artikel und Rohstoffe rund um die Tortendekoration, Strukturfolien und Schablonen, Lebensmittelfarben, Isomalt (für Zuckergespinste), Verpackungen, Marzipan, Schokoladenüberzugsmasse (die ohne Temperieren gebrauchsfertig ist)

www.backfee.de

Backformen, -matten und Unterlagen, Spritzbeutel mit speziellen Tüllen, Paletten und Messer, Motivausstecher

www.partycakes.at

Icing-Zubehör, Fondantmassen, Stempel- und Strukturrollen, hübsche Papier- und Dekorbänder

www.backfun.de

Tortendekor, Figuren aus Zucker, farbiger Streuzucker, Zuckerperlen und –blumen; thematisch sortiert

www.elcompra.de

Große Auswahl an Naturwaren, getrockneten Früchten, Blüten und Essenzen, natürliches Gummi (Tragant-Gummi zur Herstellung von Dekor- und Modelliermasse, siehe Seite 141) und Harze

Register

Danksagung

Fantastische Partytörtchen für fantastische Menschen – es gibt so viele, denen ich für all ihre harte Arbeit, ihre Geduld und ihre Unterstützung bei der Vorbereitung dieses Buches und auch für das Probieren der Kuchen, Törtchen und Cremes aus diesem Buch danken möchte.

Vielen Dank an mein talentiertes Team aus der Little Venice Cake Company – besonders an Alison Thompson, eine meiner wunderbaren Konditorinnen, die nun wieder zu Hause in Australien ist. Sie unterstützte mich besonders bei den süßen Rouladen, Baisers und bei den Schokoladenkreationen.

Danke an Christine Lee für deine gute Laune und deine außergewöhnliche Fingerfertigkeit beim Dekorieren und an unsere zukünftige Braut, Megan Whelan, für deine Unterstützung. Debbie, wir freuen uns auf deine Rückkehr nach dem Mutterschaftsurlaub. Herzliche Glückwünsche an unser frischvermähltes Ehepaar Rosie und Dan Shorten und herzlich willkommen unserem männlichen Neuzugang in der Konditorei – Colin Chih.

Es war wieder eine wunderbare Erfahrung, mit einem erstklassigen Team dieses Buch zu erarbeiten. Besonders viel verdanke ich dabei Jacqui Small für das Ausprobieren vieler verschiedener Kuchen; Rizzoli in New York für ihren Enthusiasmus und dem unglaublichen Designerteam von Maggie Town und Beverly Price für ihre Ideen und Designs – und die vielen, vielen Überstunden. Vielen Dank an Janine Hosegood für ihre Geduld und ihre wunderschönen Fotos – und für das tägliche Mittagessen! (Danke auch an Ralph und Max!) Danke an die schwangere und frischverheiratete Kate John (zu beiden Ereignissen herzlichen Glückwunsch!), an Judith Hannam und Madeline Weston für ihre redaktionelle Arbeit an diesem Buch.

Auch meinen Eltern – Celia und Ralph – möchte ich Danke sagen – eure Unterstützung ist mir wichtiger, als ich es euch sagen kann.

Danke an Katie Ackland Snow, die sich wunderbar um meine tollen Jungs gekümmert und es mir so möglich gemacht hat, Arbeit und Familie miteinander zu vereinbaren.